書下ろし

虎のスコアラーが教える「プロ」の野球観戦術

三宅 博

祥伝社黄金文庫

本書は祥伝社黄金文庫のために書き下ろされました。

まえがき

私は、野球とデータの数字と睨《にら》めっこしながら半生を過ごした元阪神タイガースのチーフスコアラーである。阪神のスコアラーを25年間務め、２００７年から約2年間は北京五輪の日本代表チームの専属スコアラーを任された。

1年のほとんどを野球場とスコアラー室で過ごした。ネット裏の特等席からプロ野球の裏も表も見てきた。当時、阪神のスコアラー陣はチーム付きが二人、映像担当が一人、先乗りスコアラーが３人の６人体制だった。先乗りスコアラーが、３カード先までの試合を見に行きスコアを付け、対戦相手のデータを集め、映像を撮影し球場で起きているあらゆる事象をチェックし、故障の有無や調子などを見極め、自らの所感（コメント）をつけてデータを集計しておく。試合前に別々に行なわれる野手と投手のミーティングで司会進行を務めて端的に迷いのない断定形でどう攻めるか、どう守るかの指示を出す。それがスコアラーの主な仕事である。

私はチーム付きのチーフスコアラーだったので全試合チームに帯同した。２月１日のキャンプインからシーズン終了まで、ほぼ9か月間、休みはない。いざ、試合が始まればトイレにも立てない。だから水分は御法度で25年のスコアラー人生で用を足すため席を離れたのは一度だけ。1992年9月11日の対ヤクルト戦で、八木裕《やぎひろし》の幻のサヨナラホームランを巡って、中村勝広《なかむらかつひろ》監督が猛抗議を続けて、6時間26分のプロ野球最長試合となった試合だけである。

北京五輪の仕事が終わってからはプロ野球界からは離れた。しかし、大好きな野球とは簡単に縁が切れないようである。現在は、その余生を故郷の岡山・倉敷で、妻とワンコと一緒に送りながら岡山商科大学の野球部を特別コーチとして教えている。近くにある倉敷のマスカットスタジアムでは、年に数回、プロ野球の試合が行なわれるので、その時は必ず球場に足を運ぶが、普段はもっぱらテレビ観戦である。やはり我が阪神タイガースは気になる。不肖の息子を見守る親の気分である。

打席には新井良太《あらいりようた》。

インコースを攻められ、カウントを稼がれた。

「次は外へスライダーや。クルッとバットが回りよるよ」

独り言を言った直後、ヤクルトの投手は、私の推測通りに攻めて結果は三振。横にいた妻は「あんた！　なんで、そんなこと予言できるの？」と驚いていたが、新井のデータを知っていれば、当然のセオリー通りの配球である。

私は、知らぬ間にスコアラーの視点で野球を見ていることに気がついた。スコアラーを辞めた後でも、もはや肉体に染み付いてしまっている職業病である。

球場で、お茶の間で時にはビアガーデンで生ビールのジョッキを片手に巨大な画面を見ながら、ああだ、こうだと、蘊蓄《うんちく》を語りながら見る野球は楽しい。

そこに根拠に基づいた推理が加わると一層、野球の見方が奥深くなるだろう。投手心理や打者心理、ベンチの思惑などを探求者のように探るスコアラーそのものの作業である。

スコアラーは常に疑問を抱きながら試合を見ている。

どうして？

なぜ？

こんな場面で？

疑問を抱きデータを集積して分析する。時間を費やした割には、役に立たずに捨て去ったデータは山ほどあるが、データを集めれば集めるほど、必ず傾向が炙《あぶ》り出され、そこに貴重な攻略のヒントが埋もれているのだ。我々、スコアラーは、その傾向から対策を練り出してきた。さながら謎解きゲームの探偵みたいなものである。

時には、データだけでなく映像を事細かに分析してクセをも盗み出す。無くて七クセというが、人間はいくら注意をしても、ついつい習慣やクセが生まれる。そこをまるで警察の鑑識課のデカのように丹念に調べて利用するのもスコアラーの大事な仕事であった。

打者は投手が投げる前に球種やコースが判明していればヒットの確率はアップする。投手は打者の狙《ねら》いが読めれば打ち取る可能性は高まる。守っている野手は、打者が打つ前に飛んでくる打球の方向がわかっていればスタートが早く切れ、守備範囲は広くなる。走者は、投手の牽制《けんせい》のクセや巧拙がわかれば盗塁の成功率は高まる。監督は相手チームの作戦傾向が読めれば作戦を立てやすくなる。

スコアラーは、これらを「傾向と対策のデータ」としてシンプルにまとめる。それを監督、コーチ、選手に手渡すわけだが、それらの宝の山を勝利のために生かすも殺すも選手次第、コーチ次第である。データやクセの情報も使い方を誤れば単なる数字のゴミでしかない。

私くらいの年齢になるとメガホンを持ってハッピを着て球場で騒げない。しかし、スコアラーになった気持ちで野球を見れば、「打った」、「投げた」、「捕った」「走った」というプロ野球のダイナミックなプレーを4次元的に見ることができる。

言わばスコアラー流の大人の野球観戦術である。

僭越《せんえつ》ながら私のスコアラー人生で得た経験と知識を野球ファンの方に伝えることで、これまでなかったもうひとつの野球観戦の仕方を知ってもらいたいと、この本の執筆に及んだ。

ダルビッシュ有《ゆう》が海を渡り、今季もまた、我が阪神の宝だった藤川球児《ふじかわきゅうじ》や、西武の中島裕之《なかじまひろゆき》がメジャーに移籍した。オフの契約更改では、楽天のマー君こと田中将大《たなかまさひろ》が、近い将来にメジャー移籍したいという意向を示した。次々とスターがいなくなることで、日本野球界の空洞化が懸念されている。しかし、2013年のWBC（ワールドベースボールクラシック）では、メジャー組が参加できなかったメンバーでベスト4に進出する奮闘をみせた。スコアラー視点で奥深く野球を見れば、なかなかどうして日本のプロ野球にはレベルの高い高度で精密な野球が展開されている。そこには非常に興味深いデータと、選手のとんでもない才能を垣間《かいま》見ることができる。スコアラー観戦術を身に付ければ、また新しい野球観が開けてくるかもしれない。本書では、私のしてきたスコアラーの仕事を今のプロ野球界に置き換えて説明しておいたので、これらを野球観戦の参考にしてもらいたい。ついつい阪神の話が多くなることは、ご勘弁を。

さあ、ペンとノートを持って、球場に出掛けてみませんか？

2013年4月1日　岡山倉敷にて

元阪神チーフスコアラー　三宅《みやけ》　博《ひろし》

虎のスコアラーが教える「プロ」の野球観戦術——目次

第1章　作戦の謎を解く

第2章 巨人の謎を解く

第3章 投手の謎を解く

第4章 配球の謎を解く

第5章 打者の謎を解く

第6章 守備・走塁の謎を解く

第7章 勝利チームの謎を解く

本文装丁／盛川和洋
図版作成／J・ART

第1章

作戦の謎を解く

ＷＢＣの台湾戦　鳥谷敬の盗塁の裏に見えたデータ野球

スコアラー式観戦術を手引きするには、２０１３年３月のＷＢＣでの日本代表の戦いは絶好のテキストだった。まずは私がＷＢＣをスコアラー視点でどう見たかを読んでいただきたいと思う。読者の皆さんの記憶にも強烈に焼き付いているのが、東京ドームで行なわれた２次ラウンドの台湾戦で９回二死から見せた鳥谷《とりたに》敬《たかし》の盗塁だろう。実は、あの盗塁こそが、データに裏付けされた偉大なる決断であった。

１点を負けている絶体絶命の９回二死一塁からの初球。ひとつ牽制が入った次のボールだった。最高のスタートを切った鳥谷が、ジャックナイフのように二塁ベースに足から突っ込むと、盗塁を予期せぬ、ショートのカバーが遅れたこともあって盗塁は大成功。続く井端《いばた》の同点タイムリーにつながったのである。

後から関係者の話を聞くと、「行けたら行け！」のサインだったという。鳥谷は「牽制がひとつあったから思い切れた」とコメントしていた。おそらく彼は、阪神の監督だった野村克也《のむらかつや》さん（以下、ノムさん）の置土産となったファイル「ノムラの教え」に書かれていたＩＤの極意を思い出したのではないか。詳しくは後述するが、スコアラーは投手の牽制のクセや傾向、クイック投法の時間までチェックする。データを集計すると牽制の傾向が出る。

ノムさんは、よく「4球続けての牽制はないからスタートを切れ」と断言していた。鳥谷は、おそらく「この投手には2球続けて牽制はない」というデータをインプットしておいて盗塁を決断したのに違いない。あの1球は、投手のモーションが大きかった。打者にしか集中していない。ノムさんからは「クイックモーションに1・40秒以上かかれば無条件に走れ」と教えられていたが、その条件も鳥谷の決断を促すプラスのデータとなったのだろう。

WBCのスタッフには、巨人の野球をデータ面で支えている元ヤクルトでノムさんの野球を学んできた橋上秀樹《はしがみひでき》さんが戦略コーチとして加わっていた。きっと緻密なデータを選手に提供していたのだろう。しかし、そのデータを使えるかどうかが非常に大事で球場にいるほとんどの人間の裏をかいた鳥谷の偉大なる決断が、切れかけた糸をつないだのである。

また、鳥谷のスタートを見て絶好球だったにもかかわらずバットを止めた井端弘和《ひろかず》の高い技術も見逃してはならない。彼は鳥谷が1本のヒットでホームに還《かえ》れるようにあえて詰まった打球をショートの頭に打ったそうである。こうやって野球を見ると、成否の根拠が浮き彫りになってくる。それがスコアラー式の観戦術である。

阪神の鳥谷に足のイメージはなかった。走らせてみると速いが、ベンチからサインは出ない。「行けたら行け」のサインでは、失敗した時に責任は選手にのしかかる。阪神では関西特有のマスコミに監視されている中での冒険はしづらい。自然、盗塁というオプションは、引き出しの奥に仕舞われてしまうことになる。なにも鳥谷に限ったことでなく、それが阪神というチームの弱さにつながる問題ではあるが、監督が責任を持ってやらせてみることなのだ。元々、言葉数は少ない。一度、「ヒットを打った場面を編集して集めたDVDを作ってもらえませんか」と頼まれ、編集して渡したことがある。プラスのイメージを大事にしているのだろう。努力人。早くから球場入りして黙々とバットを振る。彼の打撃センスの奥には、そういう努力と、データに基づいたイメージトレーニングがある。

アメリカ行きを決めたオランダ戦では1番に抜擢《ばってき》されて先頭打者ホームラン、準決勝のプエルトリコ戦でも1番に座り、8回に右中間を破る三塁打を放った。山本浩二《やまもとこうじ》監督が、選球眼を評価したと聞くが、彼の選球眼は昔から良かった。ポイントが近くにあるから必然、ボールの見極めがいい。変化球に対処できる自信があるのだ。

ただ、その選球眼の良さが逆に働き、甘い初球を見逃すことが多く、「たまには初球の甘いところを狙ってみよう。バッテリーに駆け引きを仕掛けてみてはどうか」と話をしたことがある。今回のWBCでは、積極的に初球から打ちに出るシーンも目立った。鳥谷には、WBCの体験をきっかけにさらなる進化を見せてくれるに違いないと期待している。

プエルトリコになぜ敗れたか　重盗失敗の裏にあったミス

サンフランシスコのAT&Tパークに場所を移してのプエルトリコとの準決勝で、日本は1―3で敗れて3連覇の夢は潰《つい》えた。スコアラー視点で見れば信じられないことがたくさん重なった。配球、狙い球《だま》、作戦……になんら意図が見えなかったのである。

「相手の弱点を徹底的につけ！」が、国際試合の鉄則だが、それができなかった。1

点差で迎えた7回、我が阪神タイガースの能見篤史《のうみあつし》はアービレイスをカウント0―2と追い込みながらも高目に浮いた甘いボールを打たれ、続くリオスに甘いチェンジアップをホームランされた。制球ミス、配球ミスである。メジャーのマウンドの傾斜が合わなかったのか、興奮でボールが上ずったのか。前回のWBC優勝メンバーの城島健司《じょうじまけんじ》は「一発勝負は外と低目が中心の安全策リードになる。弱点を知って攻めたい」と言っていた。プエルトリコの「凡退ゾーン」は、外、低目のボールゾーンにあったはずだが、能見は、そこに得意のフォークを使わなかった。

先発の前田健太《まえだけんた》も悪くはなかったが、いい加減な審判のジャッジでストライクをボールと判定され、ボールを一個分、内に入れようとした。本来ならば外に一個、出さなければならないのが、逆になると腕の長いメジャーリーガーには通用しない。アービレイスの先制タイムリーは、阿部慎之助《あべしんのすけ》がミットを構えた場所とは逆のコースに入ってくる〝逆球《ぎゃくだま》〟だった。

それとは対照的に侍ジャパン打線はボール球を振らされた。

阿部も稲葉篤紀《いなばあつのり》も好機にボール球を振った。国際試合、短期決戦特有の焦りや打たねばならないという気負いだろう。その心理をモリーナというメジャーナンバーワンの捕手にうまく配球でつかれた。私は北京五輪のチームでヤクルトの宮本慎也《みやもとしんや》に「初めて対戦する投手の球筋をつかむために日本では誰に似ているかを教えて欲しい」とリクエストされていた。国際経験豊かな野村謙二郎《のむらけんじろう》、現広島監督にも同じアドバイスをもらっていた。それが準備する野球である。

そういう準備が、あのプエルトリコ戦にあったのかどうか。オランダ戦では打線が爆発したが相手投手のレベルが低かっただけ。プエルトルコの先発、サンディエゴのイメージをつかめないままイニングが進んだように見える。ストレートと小さな変化球を同じ腕の振りから繰り出され、3回まで9人が綺麗に凡打を重ねた。大会を通じて、そういう緊張や駆け引きに左右されず、確固たる技術に基づいて打てたのは、中日の井端と内川聖一《うちかわせいいち》だけだった。

そして追撃の8回に起きた内川の痛恨の重盗ミス。2点差、一死一、二塁で打者は4番の阿部。常識では100％成功の確信がなければ走らない場面だ。ここでもベンチのサインは「行けたら行け！」だったというが、重盗にそんな無責任なサインは考えられない。「THISボール（その球で盗塁せよ）」しかない。これもノムさんに教えてもらったものだが、「重盗では後ろのランナーは同時にスタートを切るのか、前のランナーを見てからスタートを切るのかのふたつの考え方があって、それはどちらも正解ではなくチームとして決めておくことだ」と言っていた。

ノムさんは「後ろのランナーは前のランナーを見て走れ！」という考え方だったが、そういう決まり事がチーム内で徹底されていたのだろうか。もし前のランナーが止まったらどうするかを指示していたのだろうか。私は、そういう準備が不完全だったから、スタートを切ってしまった内川は井端の途中ストップを見逃したのだろうと考える。つまりデータを生かすも殺すも指導者と選手次第なのである。

WBCのオランダの投手に見えた球種のクセ

アメリカラウンド進出を決めた2次ラウンドのオランダ戦の先発投手、ロブ・コルデマンスは、私が北京五輪チームのスコアラーだった時代からいた38歳の超ベテラン投手。ストレートは140キロも出ず、変化球のキレもコントロールも悪い。しかも

WBC２次ラウンドの日本vs台湾戦のスコアシート
(2013年３月８日：東京ドーム)

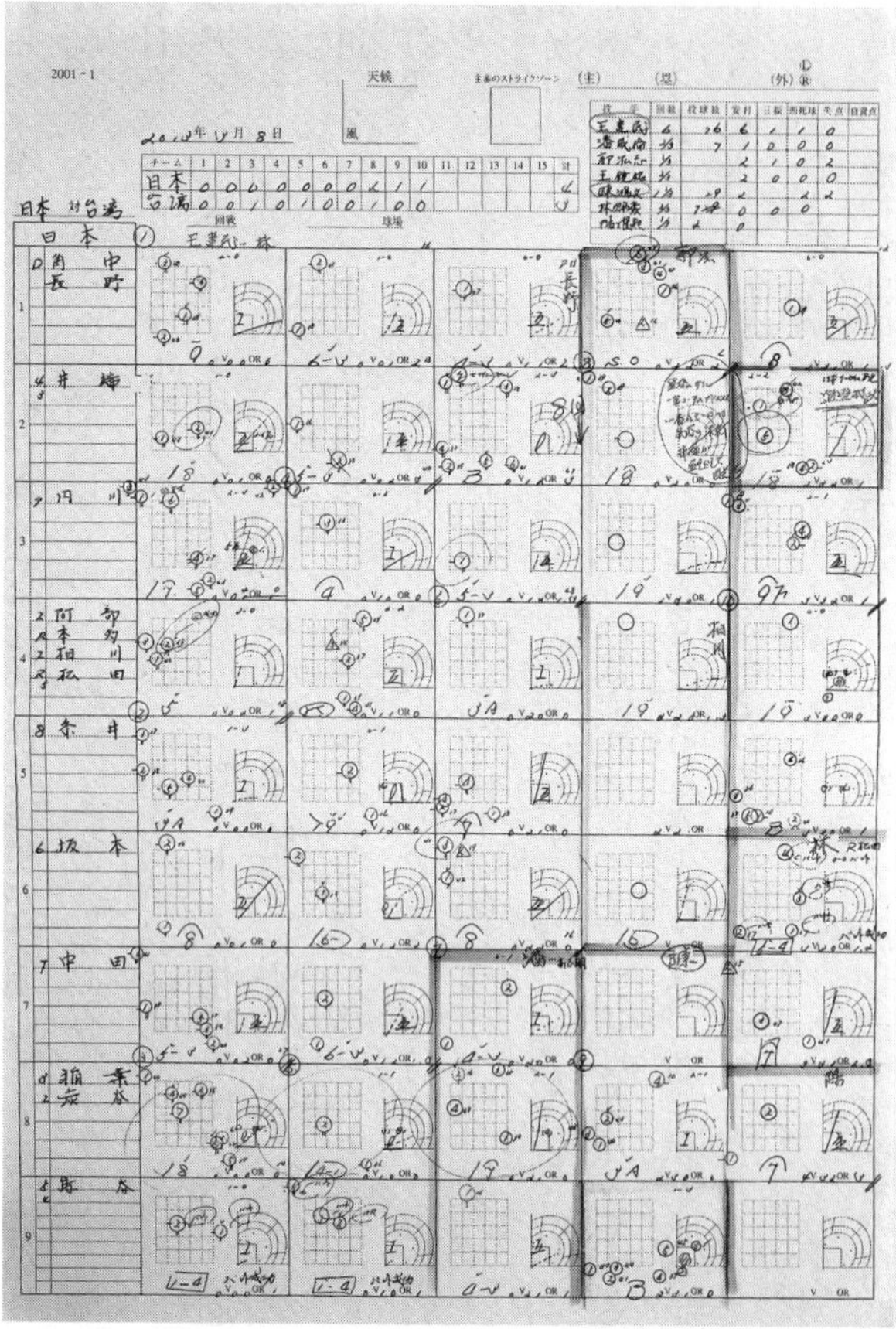

プロのスコアシートでは得点、カウント、打席結果、打球方向、作戦、配球チャートが揃う。回ごとに縦割りはされていない

当時からハッキリとしたクセがあって投げる前に球種が判明していた。この投手なら一気に攻略するだろうなと安心して見ていたが、そのクセの有無を確認する前に鳥谷が2球目をフルスイングして右越えに先制アーチを放り込んだ。

コルデマンスは、やはりグラブの位置がストレートと変化球では明らかに違っていた。侍ジャパンのメンバーが、そのクセを盗んで狙っていたかどうかはわからないが、内川の3ラン、松田宣浩《まつだのぶひろ》の2ランなどで、早々とKO。終わってみれば、16得点を奪う打線の大爆発で、7回コールド勝利でアメリカ行きの切符をゲットした。

我々、スコアラーはクセを盗むことが大きな仕事のひとつだった。

クセが出ないという投手は、ほとんどと言っていいほどいない。例えば、「グラブの中でボールの握りを見る時間が長ければ変化球」「手首の角度が違っていると変化球」というような配球の読みに直結できるようなクセがある。投手は窮地に追い込まれるほど、本性が現れる。それがトータルされると必ずある傾向を示す。

クセもそのひとつなのだ。

私の時代、阪神では甲子園球場のスコアラー室に4台のビデオデッキが用意してあって、常時、どんな映像でも見ることができるようになっていた。ビデオは、「捕手の後方のバックネット方向から」、「センター方向から」、「一塁側から」「三塁側から」と、4つの角度から撮った。その映像を元に、投手の球筋、フォームのクセを見破るわけである。映像の技術が進んでからはふたつの映像をひとつの画面で重ね合わせることが可能になった。球種別にフォームを重ね合わせてズレる部分を見つけて徹底してクセを探すのだ。牽制の場合は、ホームに投げる映像と牽制した映像を同時に重ねて編集すれば、違いが一目瞭然となる。

読者の皆さんにもクセ盗みに挑戦して欲しい。クセの出るチェックポイントは多岐にわたる。投手は捕手とサインの交換をした上で球種を決めるから、投げる球種の握りでモーションをスタートさせる投手が多い。その際、まずグラブの縦、横のゆがみ、角度、高さ、位置、開き方、見え方に注視する。続いて手首の位置、その見え方、手首の内側にある腱の立ち方、ヒジの角度、顔の位置から口の開き方までわずかな違いを探すのだ。

そういう細かい所作を丹念にチェックして球種によって違いがあれば、それがクセなのか、たまたまの動きなのかを判断していくわけだ。そうやってクセを見つけるのにはセンスがいった。誰もが簡単に見つけることができるわけではないのである。センスを持ったクセ盗みの名人だったのが、阪神では故・島野育夫《しまのいくお》コーチ、弘田澄男《ひろたすみお》、ランディ・バース、そして和田豊《わだゆたか》監督だった。

北京五輪の代表チームでは、ヤクルトの宮本慎也、巨人の阿部慎之助、日ハムの稲葉篤紀が中心になって他国の主だった選手のクセを何時間もかけて見ていてくれた。彼らもまた、そういうセンスを持った野球人であることは間違いない。WBCのチームには、野村IDの薫陶《くんとう》を受けた巨人の橋上コーチがスタッフに加わり、阿部や稲葉ら、それを使える選手達がいるのだから、きっとオランダ攻略のひとつの材料としてクセを使っていたのは間違いないだろう。

WBC前にマー君に出たクセ

2013年の球春。各地からキャンプ便りが届く中で、私はある新聞記事を目に留めた。沖縄・久米島での紅白戦で、楽天のエース、田中将大が新外国人選手のケーシー・マギーにホームランを打たれ、練習後、もう一人のメジャー通算437アーチの大物助っ人のアンドリュー・ジョーンズが「田中にはクセ（手首の角度）があるからスライダー、スプリットがわかる」と指摘したという内容だった。WBC前にオーストラリアとオープン戦を行なった時も、対戦相手のディーブル監督から「投げる前にクセで球種がわかる」と指摘されたらしい。

現在のプロ野球では、2軍レベルでさえ〝クセ探し〟に躍起になっている。逆に味方にクセが出るとすぐに突貫で〝修正工事〟が行なわれる。マー君も、シーズンが始まれば、きっちりと手首の角度のクセは修正してくることは間違いない。ただ、他チームのスコアラーは、この記事からヒントをもらったことも事実である。いつか、ふとした場面で、そのクセが生きる場面が出てくるかもしれないからである。

特にフォークボールはクセのよく出る球種である。グラブにギュッとボールを押し込んで指に挟むから、グラブがその勢いでグシャッと開いたり、手首の内側の腱が異常に浮き上がったりして〝フォークサイン〟を見せてくれる。

横浜、シアトル・マリナーズで活躍した〝大魔神〟佐々木主浩《ささきかづひろ》のフォークは、球史に残るウイニングショット。彼は、足を上げる時に、グラブを腹の前に置くのだが、ここでフォークの時は、ボールを押さえつけるせいか、グラブの形が広がるので、そのクセでわかっていた。

しかし、佐々木の場合はフォークだとわかっていても打てない。

私は監督に承諾を得た上で、大胆な指示をしたことを覚えている。

「クセが出てフォークはわかるが、ベルトより下のフォークはすべて捨てよう！　フォークを狙うなら高目だけ。高目ならストレートと同じタイミングで打てる。もしベルトより下だと思って見逃し、それがストライクになるならばしょうがない！」

この攻略方法を徹底して、何度か〝大魔神〟を打ち崩したことがあった。

クセにプラスしてスコアラーの確かな指針。そこに選手の技量がマッチした時に初めて攻略が実現するのである。それでも、こういう情報はオフの選手間行事の合間に雑談からすぐに相手チームに伝わる。情報管理が難しい時代になっている。

面白いところでは、中日の山本昌《やまもとまさ》は口元の変化で球種がわかった。ある球種に限って歪《ゆが》んだり、舌を出したり出さなかったりしたのだ。

落合博満《おちあいひろみつ》は、中日の現役時代に投手の目の動きを読んでインコースかアウトコースかを見破っていた。投手はキャッチャーが構えたミットをめがけて投げ込んでくるので、目線を切らないタイプの投手は、そこを読まれた。当時の虎のエース、池田親興《いけだちかふさ》から「落合さんは打席で異常に目を睨んでくるので、ひょっとして外と内にふる目線を見られているかもしれません」と相談されたので、「試しに思い切りアウトコースを見ておいて、インコースを投げてみろ」とアドバイスを送った。すると、思い切り踏み込んできた落合が、インサイドに仰《の》け反《ぞ》り驚いた顔をして、しばらく池田を苦手としたことがあった。

藤川球児も、阪神時代に、一時期、グラブの高さがストレートとフォークでは違っていてバレていた。そういう時は、クセ盗みに定評のある島野コーチらが総出でスコアラー室に集合して、藤川の映像を分析して味方のクセを見つけてやるのである。

しかし、クセについては、いくらスコアラーが見つけ出して修正を指示しても「オレは、そんなもん気にしない」と言って直すこともしない投手もいた。また、せっかくクセの修正を確認していても、いざマウンドに上がると緊張と興奮で忘れてしまう選手もいた。

阪神では伊藤文隆《いとうふみたか》という投手がそうだった。1982年には10勝して1985年の優勝時のメンバーで日本シリーズでは、先発抜擢を受けた投手だが、マウンドに行くと牽制時にクセが出るのを忘れてしまい、簡単に走られ序盤にKOされることが多かった。

読者の皆さんも集中して観察してクセを見つけてみれば面白い。さて前置きが、ずいぶんと長くなったが、スコアラー式観戦術の手ほどきを始めていきたいと思う。

スコアシートの付け方

ペンとスコアブック（ノート）を準備していただきたい。

スコアラーのスコアブック、スコアシートと呼ばれるものは、データ収集のための一番大切な資料だ。プロのスコアラーの付けるスコアブックは、集めたいデータとリンクしているから、アマチュア野球の方々が付けるスコアブックとは少々違っている。

23ページの図を見てもらいたい。これがプロが付けるスコアシートである。

スコアシートには25分割の略式の配球チャートとゲーム展開を同時につける。プロ野球では、データをコンピュータで解析するため33ページの図のように81分割された細かい配球チャートにペンタッチでパソコン入力していくが、読者の皆さんは、縦5×横5の25分割のもので十分だと思う。

阪神のストライクゾーンチャートは、長い間、横3×縦3の大まかな9マスのものが使われていたが、1998年オフにデータ野球の教祖とも言える元ヤクルト監督のノムさんが監督に就任すると、横5×縦5の25マスに細分化された。ボールゾーンも、それぞれ上下、左右に2マスずつ取って記録することになり、正確には9×9の81マスという細分化されたものになったのである。こだわり派の方は81分割のチャート図を作ってみても面白いだろう。

投球についての細かい記述のルールは、後で詳しく説明するが、球種とスピード、そして、牽制、打席の結果、作戦、打球方向、打球の落下点、打球の強さまでを正確に記す（89ページ図を参照）。

相手に作戦があったならば、必ずスコアシートに記録として残す。例えば0―0で、相手がバントの構えをしてきた。実際にバントをしたけれどファウルになった。この場合、それらの相手ベンチの作戦の動きがわかるように書き入れておくのだ。これらのスコアシートに残った「データ」を集積、解析すると、大まかに見て以下の4つの傾向がわかってくる。

①作戦の傾向

初回に走者が出たらどうするのか。中盤での作戦をどうするのか。点差、ゲーム展開などでの投手交代の傾向

②打者の傾向

小技はできるのか？　早打ちか、じっくりとボールを選ぶタイプか？　長所はどこか？　欠点はどこか？　長打の打てるコースはどこか？　右打ちもできるのか、引っ張り専門か、選球眼はいいのか？　打球方向はどこか？

野村克也監督の時代に使った細分化したスコアシートの例

81マス式と25マス式

18	28	38	48	58	68	78	88	98
17	27	37	47	57	67	77	87	97
16	26	36	46	56	66	76	86	96
15	25	35	45	55	65	75	85	95
14	24	34	44	54	64	74	84	94
13	23	33	43	53	63	73	83	93
12	22	32	42	52	62	72	82	92
11	21	31	41	51	61	71	81	91
10	20	30	40	50	60	70	80	90

野村克也監督の時代に、投球ゾーンは、従来の3×3の9マスから9×9の81マスになった。コンピューターシステムでは、例えば、右打者の内角低め「32」に「ストレート」を投げられ、「空振り」した場合、パソコン画面上の「32」「○」「緑」をそれぞれペンでタッチすれば入力される。打球方向を記す場合もあり、ファウルを含めすべての投球と打球を入力する。

球種の記号例

ストレート	(黒)	フォーク	
カーブ	△赤	チェンジアップ	
シュート	－(青) (青)－	シンカー	
スライダー	(赤)－ －(赤)	特殊球	
ツーシーム	＝(青) (青)＝	カットボール	＝(赤) (赤)＝

※読者の皆さんは、3色ペンを用意して、ストレートは黒、カーブ系は赤、シュート系は青で色分けしてスコアシートに記入していくとわかりやすいと思います。

③投手の傾向
スピードはどうなのか？　球種は何を持っているのか？　ウイニングショットは何か？　牽制球の巧拙はどうか？　クイックはできるのか？
④バッテリーの配球　カウントは、どう揃《そろ》えるか？　ストライクは何で取るか？　初球の傾向は？　勝負球は？　走者の有無で配球に傾向は出るか？　ピンチの時の配球はどうなるか？

それらの傾向を私たちスコアラーは整理してシンプルにわかりやすく要点だけが伝わるように工夫して10種類ほどの書類に分けた。そのデータ分析書類を、それぞれの担当コーチ、選手に配ったが、だいたいの仕分けは以下のようなものだった。

【監督・守備コーチ】＝相手の作戦・投手のローテーション・選手の起用法
【投手コーチ】＝打者の配球を読む傾向（早打ちかどうか。読むパターンをＡＢＣＤで分類）。選球眼・得意の球種・コース（長打コース、内角の得手不得手）・不得意な球種・コース（空振りゾーン、ファウルゾーン、ゴロゾー

ンなど)。打席内での足の位置(スタンス)・打球方向

【守備コーチ】＝打球方向・作戦・バントの巧拙と方向・盗塁の巧拙

【打撃コーチ】＝投手の球種・スピード・得意球・配球の傾向・牽制・守備

捕手の配球傾向・肩の強弱・正確さ・送球の速さ

つまり、これらが戦略に必要なデータであり、読者の皆さんが観戦するにあたり、注意しておいて欲しいポイントである。

作戦から見える原巨人の王道野球

まずは、作戦、ベンチワークを大きな視点から観ることから説明していくことにする。相手監督の作戦の傾向を知ることはスコアラーの重要なミッションだった。つまり敵の作戦を丸裸にするわけである。調べるポイントは多岐にわたる。

・初回は(序盤の最初のチャンスは)どう動くか。手堅いか、積極的に仕掛けてくるのか。

・点差によって、その動きに違いや傾向は出てくるか?
・動く時のボールカウントの傾向は?
・打者と走者の相関関係は?
・走者の出塁の仕方によって作戦は変わるのか?
・仕掛けた作戦の種類や状況は?

これらを統計して表にすると、そのチームの作戦傾向がわかる。例えば、最初の無死一塁のチャンスで、どんな作戦を取ったのかを、カウント0—0からずっと記録しておいて表にするのだ。すると、どういうカウントのどういうシチュエーションならばバスターに切り替えるのか。どのカウントでバントエンドラン、ヒットエンドランが多いのか、右打ちのサインは、どういう打者で出るのかなどの傾向が出てくる。

そして、そういう作戦には、監督の性格とチーム構成が如実に出る。2012年度の巨人のように投手の戦力が充実しているチームならば1点を取れば勝てる。例えば、2012年の日ハムとの日本シリーズを制した巨人が、最初につかんだ無死一塁のチャンスでどうしたかを並べてみる。

第1戦　初回無死一塁から寺内《てらうち》が2球続けてバントを試みるがファウル。3球目にバスターを仕掛けて三振　1対0　日ハム投手吉川《よしかわ》

第2戦　二回　無死一塁から村田《むらた》が強行で遊ゴロ併殺打　1対0　日ハム投手武田勝《たけだまさる》

第3戦　二回　無死一塁で高橋由伸《たかはしよしのぶ》が強行　一塁ゴロ　3対7　日ハム投手ウルフ

第4戦　初回　無死一塁で松本《まつもと》が送りバント成功　0対1（延長12回）日ハム投手中村

第5戦　初回　無死一塁で松本が送りバント成功　10対2　日ハム投手吉川

第6戦　初回　無死一塁から松本が送りバント成功　4対3　日ハム投手武田

これを見れば明らかだろう。つまり最初の無死一塁のチャンスでクリーンナップ以外においてサインはバントなのだ。原《はら》巨人が、実は非常にオーソドックスな野球であることがよくわかる。走者一塁で作戦としては走者を進めるために、盗塁、バント、進塁打、エンドランなどが考えられるが、データを集めれば巨人のように一定の傾向

が生まれてくる。

確実な野球をやってくるチームが私たちは嫌だった。確実なバント。クセや牽制のあるなしを読まれての盗塁。そういう確率の高い作戦で走者を進めてくるチームがトータルで見ると勝利を重ねる。

昔話で恐縮だが、広島の赤ヘル黄金期を作った古葉竹識《こばたけし》監督（現在、東京国際大学監督）は、通常は手堅くバントで走者を進めるのだが、出塁したランナーが四死球や相手のエラーやテキサスヒットなどラッキーな形で得たチャンスの場合は、一転、大胆な采配で攻めた。それが監督の性格や傾向である。

阪神の例で言うならば、1985年に優勝を果たした吉田義男《よしだよしお》さんが率いたチームはチーム本塁打が219本という驚異的な打撃のチームであったが、実は、そのランディ・バース、掛布雅之《かけふまさゆき》、岡田彰布《おかだあきのぶ》の強力クリーンナップに回す作戦としては、ほとんど堅実にバントを使っていた。

あくまでも基本的な戦術だが、ノムさんの監督時代はランナーが一塁に出れば右打ちをして進塁。星野仙一《ほしのせんいち》監督は、「手堅くバントで送る」だった。それぞれの作戦に、それぞれの野球観や性格が出ていた。中でも独特な野球感覚で采配を振るったのが、2004年から5年間、阪神の監督をした岡田彰布である。

岡田は午前中に自宅で、その試合のデータをすべて暗記してくる。そこに勝負師的な感性が加わるから相手ベンチは作戦が読みにくかったのかもしれない。「そろそろ打つやろうから強行や」とか「初球狙ってきとるで」とボソボソとベンチ内で言いながら、感性の采配を振るった。

知将と呼ばれた三原脩《みはらおさむ》監督に似た運命論的な戦術である。三原さんは、運命論を勝負に使った。例えば、その日、3本ヒットを打ったら「4打席目はヒットはないぞ」とか、3打席を凡退した打者ほど、「4打席目が怖い」などというデータとは、一線を画した独特の目線があった。そういう指揮官は、例外なく記憶力もいい。運、不運というものが常につきまとう野球の戦術に絶対はない。しかし、そこには微妙な心理が働く。だからデータが水先案内となるのだ。

動きすぎて失敗した横浜DeNAの中畑監督

巨人とは、対照的に横浜DeNAのように投手陣が整備されていないチームは堅実に1点を取ったからといって勝てない。そういうチームの監督は、ついつい動こうとする。しかし監督が動いて成功する率は低い。監督が動きすぎるとスコアラーからすれば、「ありがたいなあ」となる。

何もしないのも傾向だが、動きすぎると、またそこに顕著な傾向が生まれることになるのだ。監督本人が気づかない間に、シチュエーションやカウントで「必ずエンドランをやってくる」「走らせる!」というデータが出てきて、それが判明すると、バッテリーに対して警告を発して作戦の裏をかくことができるようになる。

とにかく2012年の横浜DeNA、中畑清《なかはたきよし》監督は動きすぎた。阪神の金本知憲《かねもとともののり》が、引退時に「選手が目立たないで監督ばかりが目立っている」とメッセージを発信したが、その通りだった。作戦的にも「ここでやってくるだろう」という場面で動いて失敗していた。

横浜は、権藤博《ごんどうひろし》さんの時代を除いて歴代動く監督が多いような気がする。

広島の達川光男《たつかわみつお》も監督時代は動いて失敗していた。広島の悪しき伝統なのかわからないが、野村謙二郎監督も2年目の昨季になってようやく落ち着いたが、監督ルーキーイヤーは動きすぎて失敗していた。

現役時代のスターで自己顕示欲の強い人は性格的に動こう、目立とうとする傾向がある。それと、もうひとつは戦力がないチームの監督である。

戦力がないから「機動力を使ってなんとかしたい」と考える。機動力の使い方を勘違いしてしまう監督も少なくない。理想を追い求めすぎるのである。エンドランで一、三塁にして、ヒット無しで1点を取りたいと考えるのだ。昨季の中日の高木守道《たかぎもりみち》監督も、あまりにも打線が点を取れないから、随所に積極的なエンドランを使おうとしていた。しかし、そういう積極作戦は相手にデータを渡してヒントを与えることになる。

また、無謀なことをやる→選手の技術がなくてついていけず失敗する→監督の一人目立つような行動を見て選手がしらける→というような悪循環になるケースも多い。

意外にオーソドックスな野球をしたのが、巨人の長嶋茂雄《ながしましげお》終身名誉監督である。12球団のスコアラーが集まるスコアラー会議の飲み会の席で、巨人のスコアラーに「長嶋さんって、どういう監督なんですか」と聞いたことがあった。すると「凄くデータを重視する監督なんです」と意外な答えが返ってきた。成功と失敗の傾向をスコアラーに出させて、綿密に分析、解析をしていたというのである。

1972年─1980年の第一期監督時代には、バントの構えをして代打をコールしたり、カンピューター野球と揶揄《やゆ》されたりしたが、第二期監督時代には、橋本清《はしもときよし》─石毛博史《いしげひろし》の勝利の方程式を作り上げるなど、作戦面では非常にオーソドックスだったのも、こういう裏話を聞くと、なるほどと納得したことがある。

地味な野球の代表が、古くは川上哲治《かわかみてつはる》のV9時代の巨人の野球に、西武の第二次黄金時代を作った森祇晶《もりまさあき》監督。森さんは、「勝ちすぎてつまらない」と非難を浴びたが、堅実な野球ほど勝利に近づく。最近では、中日を8年間で4度リーグ優勝に導いた落合博満である。

対して米国では、〝マネーボール野球〟がもてはやされた。アスレチックスが、出塁率を重要視した戦略を考えた。バントなどせず塁を埋めて動く野球だ。しかし、日本には浸透しない。なぜならば、地味なチームが強い理由の裏付けとして豊富な投手力があるからである。メジャーでは1点を取っても勝てない。だからバントもいらないし、出塁率を評価するのもわかる。しかし、巨人や中日は、1点を取れば勝てる投手力を持っている。統一球、新ストライクゾーンが再編されない限り、日本でマネーボールを標榜《ひょうぼう》するチームが旋風を巻き起こす可能性は低い。

スコアラーの視点から見た栗山野球

スコアラー視点で見ると栗山英樹《くりやまひでき》監督の日ハムの野球には緻密さはない。選手の技量と、各自の判断に任せた管理とは対極にある放任野球である。

一番に抜擢された陽岱鋼《ようだいかん》は、ストライクゾーンに来るボールは何でも積極的に打っていくタイプ。オリックスにトレードされてしまったが、3番の糸井嘉男《いといよしお》も配球を読んで狙い球を絞らない。積極的にどこでも振る。熱心な野球ファンの方ならご存知かと思うが、栗山監督がじっと我慢して4番に据え続けた中田翔《なかたしょう》もストライクゾーンはなんでも振ってくる。

ようするに基本的には、強行させるだけの〝イケイケドンドン〟の野球である。巨人のようにコーチ陣やスコアラーがデータを叩き込んで、それを利用している痕跡はあまりない。これと言って作戦をしているようにも見えなかった。梨田昌孝《なしだまさたか》監督時代のコーチをチームにほとんど残したことも影響していたのだろう。

栗山監督は、コーチの経験もなく22年ぶりの球界復帰がいきなりの監督抜擢となった。異例の人事である。実は、2008年に北京五輪に評論家として取材に来た栗山さんに、私は失礼な話を投げかけたことがあった。

「なぜ監督、コーチをなさらないのですか？　いろいろと話があったと聞いていますけど」

すると、栗山さんは「確かに、これまで監督やコーチのオファーの話はいただきました。でも、辞退させていただきました。私には自信がなかったのです」という話をされていた。

その自信のなさが、「まず選手の長所を素直に見よう」、「自信をつけさせてあげよう」という考え方に落ち着いたのかもしれなかった。それが、素晴らしい選手起用に現れたのだ。

ダルビッシュの抜けた穴をコントロールが悪く、これまでの監督が使いこなせなかった吉川光夫《みつお》に託した。彼に自信を持たせて勝てる投手に育てた。そして、中継ぎの増井浩俊《ますいひろとし》、宮西尚生《みやにしなおき》、そして武田久《たけだひさし》という強いチームの絶対条件とも言える勝利の方程式を完成させた。ベテランの稲葉、金子誠《かねこまこと》には誇りを。中堅の陽、糸井には結果を考えず自由を与えた。そして、中田翔を辛抱して4番に置いた。

まるで学校の先生のような教育、育成方法である。

日本シリーズでは敗れたが、フロントとの連携も上手くいってパ・リーグの大接戦を勝ち抜いたのは1年目の監督の選手起用や采配ではなかった。

オフには、メジャー志望を表明していた花巻東高校の大谷翔平《おおたにしょうへい》を「一番いい選手を取りに行く」というチーム方針がぶれることなく、ドラフト1位指名したが、その交渉過程での栗山監督の立ち振る舞いは、立派のひとことに尽きた。大谷自身や周囲の人間が、将来を栗山監督にあずけようと決断した理由もよくわかる。

日ハム・中田翔の成長の理由

中田翔は、不器用だが肉体は強靭《きょうじん》で、努力を積み重ねる中で、大阪桐蔭高校を卒業したばかりの頃の精神的な若さ、甘さが消えていった。そういう人間的な成長が大きく技術を伸ばしたと思う。WBCには、野手最年少で代表に選ばれ、6試合で打率・286、2打点。持ち前の積極打法で打線に刺激を与えた。

日ハムでは、栗山監督が、糸井、稲葉の間に挟んで4番に据えた意義が大きかった。たいてい〝打てない4番〟が間にいると前後の選手が文句を言うものだ。私は阪神の暗黒時代にロッカールームで、しょっちゅう、そんな愚痴《ぐち》を聞かされた。栗山監督は、糸井、稲葉ともよくコミュニケーションを取ったと聞く。素晴らしいお手本が前後にいることで、中田は発奮せざるを得なかったし4番を育てるという栗山監督のコンセプトを、糸井も稲葉も理解して協力したのだろう。

こういう一体感のあるチームは強い。

中田翔vs内海（2012年日本シリーズ）

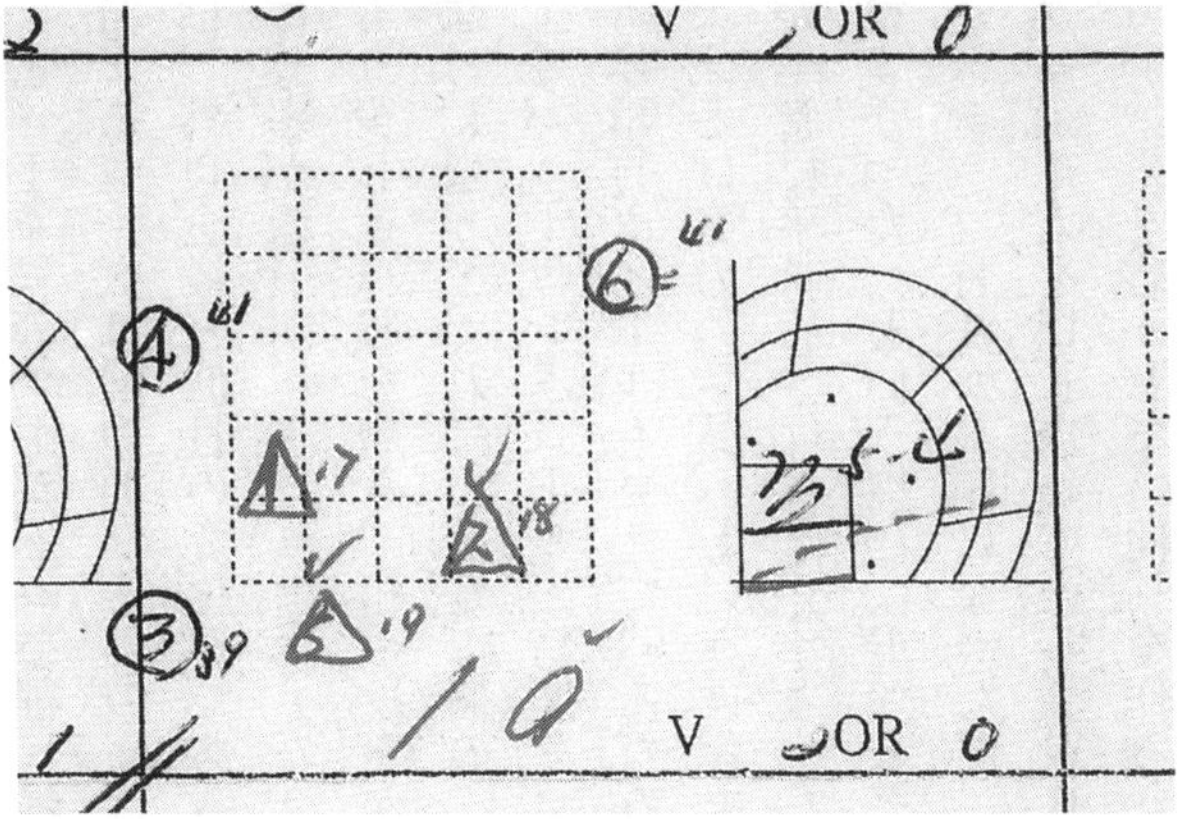

初球はカーブ。２球目もカーブをファウルして追い込まれ外に目を奪われたが６球目の内のツーシームを右前へ

中田翔は基本的にストライクゾーンのボールはなんでも食いつく。ホームランを打ちたいという気持ちが強く、打てると思ったボールに手を出す積極打法。しかし、昨季の日本シリーズの打席を見ていると、投手の配球から狙い球を絞ったり、追い込まれると、長打を狙わず単打狙いに意識を切り替えるなどの変化が窺《うかが》えた。

例えば、上のチャート図を見て欲しい。昨年のシリーズ第5戦の内海との対戦の第3打席だ。変化球でカウントを取られ、外のボール球で勝負されているが、きちんと選球して最後は、インサイドの141キロのツーシームを右へおっつけてヒットにしている。

打てるコースは腕の伸びる外の高目と内の低目。逆に空振りをするウイークポイントは、外角全般と低目の変化球である。確かに547打数あって131安打24本塁打では確率が低いが、当たればホームランのインパクトは相手投手に恐怖を与える。

もう少し選球眼を磨き、相手投手が誘ってくるボールの見極めができて配球を読めるようになってくれば、101個の三振は減るだろう。またフルスイングしても芯で打てるバットコントロールの精度をマスターすれば、本拠地が広い札幌ドームであっても本塁打タイトルも見えてくるだろう。

「天才とは努力の結晶」という言葉を世界の王貞治《おうさだはる》さんが残した。血の滲《にじ》むような努力が「常に平常心で打席に入り、どんな投手とも戦えた」「真ん中に来る球だけを打てばよかった」という境地に王さんを置いたのである。中田は、一時的に続けていたノーステップ打法が話題になったが、彼は悩み苦しみながらも常にベストなバッティングフォームを探し求めている。WBCでも立浪和義《たつなみかずよし》打撃コーチの助言ですり足にしたりバットを寝かして〝間〟を作ろうと打撃改造を試みるなど、欲を持って進化することを考えている。その欲はプロとして重要な部分。故障に強い強靭な肉体を生かして努力で真の4番の座をつかみとってもらいたい。

プロ野球の本当のサインは影武者から出る

プロ野球の作戦のサインは、どこから出ているのか。バッターボックスに入った野手は、三塁コーチャーズボックスのコーチのブロックサインを見るが、たいがい、監督→キーマン→三塁コーチ→選手とサインが渡って伝達される。三塁コーチは、そのキーマンや監督のサインを見てブロックサインを出すから、監督の決断に時間がかかれば、当然、手を動かしている時間も長くなる。サインの時間が長いか短いかも見極めのポイントではある。

高校野球などを経験している方は、ご存知かと思うが、ブロックサインには、キーというものがある。例えば胸のマークがキーならば、キーを触った次に触った場所がサイン、キーを触ってから3つ目がサインなどと決めておくわけである。プロ野球の場合は、長くとも3イニング、ばれていると警戒する場合は、毎イニングのようにキーを変える。

三塁コーチの中には、阪神でプレーした弘田澄夫のように流れるようにサインを出せる上手い人がいるので、そこから盗むのはなかなか難しい。北京五輪のチームで三塁コーチを務めた山本浩二さんのように慣れていない人がやれば簡単でわかりやすいが。ゆえに我々は、ベンチの監督やキーマンのサインを盗むように心掛けていた。

ベンチから三塁コーチへのサインは、単純なブロックもしくはフラッシュと言われる、どこか一箇所を触るだけのわかりやすいものが多いからだ。

キーマンと呼ばれるのはベンチでいつも監督の近くの定位置にじっと座っている控えの選手である。例えば中日で言えば小田幸平《おだこうへい》。WBCの侍ジャパンでは、山本浩二監督の隣にいた梨田ヘッドコーチ。そのあたりは何試合か通じてベンチを注意深く見ていると簡単に判明する。どうしてもわからない場合は、いろいろと情報を集めて炙り出す。チームによっては試合ごとにキーマンを変えるチームもある。そのキーマンの仕草、所作にサインがあるわけだ。

読者の皆さんも、「ここで何かありそう!」というケースでは、スコアラー気分になってサイン盗みに挑戦してみても楽しい。ランナーの足が速い。バッターが器用。何か仕掛けてくるのではないかという局面では、ベンチ内のキーマンや、最終サイン経由地の三塁コーチに注目しておいて欲しい。

プロ野球にはトレードが付きものだが、昔から同一リーグのトレードを避ける傾向が強かった。対戦相手に活躍されたら面目が立たないというものもあるだろうが、サインや情報などが流出することを恐れるのも大きな理由のひとつだった。

私が阪神のスコアラー時代も同一リーグからトレードで来た選手には、必ずサインやデータの利用方法などを逐一聞き取りをしていた。誰がサインを出しているのか、サインの切り替えのポイントは何か、対阪神用に重要視していたデータは何かなどを細かく教えてもらっていた。もちろん、阪神から外へ出た選手も同様に情報を持って出ることになるので、こちらも警戒は必要になる。そういう情報戦が、裏では繰り広げられているのである。

しかし、さすがに情報のすべてを知るスコアラーの引き抜きだけはタブー視されていた。私は、一度、某球団のスコアラーから移籍の相談を持ちかけられて、当時の岡《おか》崎義雄《ざきよしお》社長に「取ってもらえないか」と頼んだことがあった。

すると岡崎社長は「スカウトや他のフロント業務なら大丈夫だろうが、スコアラーの引き抜きは問題になるわなあ。相手球団の秘密の部分を奪って丸裸にするようなことまではちょっとでけへん。こらえてくれえや」と難色を示した。

モラルや仁義の部分を考慮されたのだろう。確かに、スコアラーの移籍は、これまではほとんど球界ではなかった。だが、2012年には、中日で落合監督の監督付スコアラーをしていた田中彰《たなかあきら》さんが、落合監督が退任すると、横浜DeNAに移籍。シーズン中はベンチに入っていた。どういう事情があったかは詳しく知らないが、中日の情報を全部持って出たわけだから、ある意味、タブーを破った前代未聞の出来事だった。

中日は落合監督時代には、スコアラーの球団担当制を敷いていた。阪神なら阪神、巨人なら巨人の専任の先乗りスコアラーである。今季からは阪神も球団担当制を導入したそうだが、人数的な問題もあってほとんどの球団は、先乗り、先先乗りのスコアラーが、ローテーションを組んで対戦相手を見ていくシステムである。

落合監督は、その常識を破った。データを重要視していた証だろう。しかし高木監督体制になって、専属スコアラー制を廃止して元に戻したという。そういう動きと関係があったのかどうかを外部の私が知る由はないが、元スコアラーの人間から見ればスコアラーの移籍は衝撃的な出来事ではあった。

だが、横浜ＤｅＮＡは、昨季、対中日に7勝16敗の成績である。２０１１年は8勝15敗だから、ほぼ何も変わっていない。つまりデータを生かせなかったのである。

データを生かすも殺すも、指導者次第、選手次第。たくさんの情報の中から、欲しい情報を最大限生かす。注意したいのは何でも詰め込みすぎて迷わないことである。いらない情報は捨てることも大事になってくる。欲しい情報だけを簡素化して、選手が取り入れやすくするのだ。ピンチやチャンス。野球には緊張する状況は多い。そういう修羅場に立たされると、時にはパニックに陥り、頭が混乱して真っ白な状態になってしまう。

そんな時、普段から「読み」とか「データ」を恒常的に学んで蓄えた引き出しを持っていれば、それが自然に一瞬の選択肢に加わる。そういうトレーニングは自分を助けてくれるのだ。情報に基づいた大胆なプレーと情報に基づいた細心のプレー。このふたつが結びついた時に勝利は得られる。データ分析、解析の世界においては、どの球団も成熟の域にあって、ほとんど持っているデータの量や分野に差はない。最後はどれだけ準備をしたか、いかにミスを減らすか。確実にやれることは100%やれる体制を作り、チーム全体で戦えるかどうかにかかっている。そういう意味で、横浜DeNAはデータを使える体制が整っていなかったのである。

高木監督と落合前監督の違い

高木監督と落合前監督の違いはどこにあるのか。ファンの方々によく聞かれる質問をスコアラーの視点で分析してみようと思う。

高木監督は、セオリー通りの野球をするタイプである。要所では盗塁、エンドランを積極的に使うが、決して向こう見ずの采配ではない。さすが現役時代に1、2番を打っていた人だ。高木監督の功績はいくつもあるが、私は大島洋平《おおしまようへい》という日本を代表するような素晴らしい一番バッターを作ったことを評価したい。

大島は、駒大時代に東都で首位打者を取って日本生命を経て即戦力と期待され入団した好打者だったが、ずっとひ弱さから抜けきれなかった。それが3年目に高木監督の我慢の采配で開花した。結果を恐れない思い切りに加えて、スピードボールに対して振り負けない鋭いバットスイング、そして内角を怖がらない闘争心、変化球の対応力、選球眼の良さを持っている。特に外のボールに対するバットコントロールが優れている。コンと上手く芯で当てる。

シーズン後半は、初球から打てるゾーンは見逃さず、追い込まれてもコースに逆らわなかった。変化球への対応力があり広角にバットの芯で打てる技術を身に付けた。

全試合出場して555打数、最多安打に1本足りない172安打、1本塁打、四死球が59。80もある三振数が気にはなるのだが、守備も肩も良く、先頭打者としてチームに勢いを付ける。1番打者としての能力は巨人の長野久義《ちょうのひさよし》と比べても遜色《そんしょく》はないだろう。今後の課題は内角高めの速球の見極めくらいか。

高木監督が実行した井端弘和、荒木雅博《あらきまさひろ》の二遊間のコンバートにも私は賛成だった。高木監督は元内野手だから、そういう腹案を落合監督時代のチームを見ながら温めていたのだろう。落合前監督は将来を考えて井端を二塁にしたのだろうが、ショートの方がいいし、実際、失策は「7」で終わった。荒木はスローイングに不安があったし横に動けるのでセカンドの方がカバーの範囲が広がる。盤石な投手力に加え、センターラインの強化。高木監督のコンセプトはある意味落合竜の長所を継承していたと思う。

高木監督は、堂上《どのうえ》兄弟、平田良介《ひらたりょうすけ》ら若い選手の技量を見極め、期待を込めてどんどん使った。選手への遠慮もない。序盤では高卒の大型ルーキーの高橋周平《たかはししゅうへい》にもチャンスを与えていた。おそらく「自分は長く監督をやらない。次へのつなぎ監督でい」と、役割を割り切っているのだろう。

それでいて勝利への執念は感じる。

投手コーチだった権藤さんとの確執は、その現れだろう。権藤さんはいつもピッチャーの立場に立って物事を進める人で近鉄時代も、故・仰木彬《おおぎあきら》監督とよく衝突していた。権藤さんはピッチャー目線だから、ついつい先を見た我慢の投手起用をしようとする。高木監督は、今日、目の前の試合を勝ちたい。その立場の違いがイザコザに発展したのだろう。

監督が全責任を負わねばならないのだから、最終的には指揮官の決断が優先されなければならないと思う。そういう立場の違いをコーチは理解した上で意見を言うなり、戦術、戦略を立てなければならない。コーチが選手の側についてしまうとチームが分裂してしまう悪因のひとつになる。私は、阪神が弱い時代に、そういう内紛劇を何度も目の当たりにしてきた。代打一筋で人気選手だった川藤幸三《かわとうこうぞう》が、コーチに就任したことがあったが、熱血漢ゆえに選手の気持ちを考えすぎて、当時の中村勝広監督との関係が、おかしくなったことがあった。

高木監督との信頼は築けなかったが、権藤さんが、若い投手を抜擢してチャンスを与えたことは評価されていいと思う。投手の使い方が、落合監督―森繁和《もりしげかず》投手コーチのコンビ時代に比べて大きく変わった点だ。2年目の大野雄大《おおのゆうだい》、4年目の伊藤準規《いとうじゅんき》、5年目の山内壮馬《やまうちそうま》という若い投手をクライマックスシリーズという大舞台で先発させた。緊張した場面を経験したことは、次につながるだろう。

対して落合前監督の采配は特別だったのか。私は敵側にいて彼の采配を「上手い」、「嫌だな」と思ったことは一度もなかった。

落合前監督は、確実に送るところは送る。派手な野球を掲げたことがない。投手と守備力に軸を置いた守りの野球である。外野、特にライトに肩のいい選手を配置しておいて三塁を許さない。逆に攻撃面では、ひとつ前の塁を常に意識させておく。得点力も、それほどなく地味だったが、点の取れる準備をしっかりと作っていた。

また、投手起用については森ヘッド兼投手コーチを絶対的に信頼しての阿吽《あうん》の呼吸があった。落合前監督は、ピンチのたびにマウンドに行き、投手に直接声をかけた。ほとんどの場合、ピンチでの投球の成否はメンタルに左右されることが多い。微妙な心理がコントロールやボールのキレに影響を与える。彼のマウンド登場は、その意味で効果を与えていたのだろう。落合竜の強さは、何もその采配ではなく、機密保持の徹底や、森ヘッドの人脈での外国人獲得ルートや、落合監督が意見を強く出したドラフト補強など、チーム編成全体にかかわることのマネジメント力ではなかったか。

これは、中日だけに言えることではないが、もはや監督の采配だけで勝てる時代ではない。ノムさんが、その典型的な例だろう。鳴り物入りでヤクルトから阪神の監督に就任したが、結局、3年間、最下位を脱出できなかった。野村政権の3年間で、外国人は13人も入れ替わったが、そのすべてが失敗。即戦力の新人もドラフトで満足には獲得できずに貯金を作れる投手もいない。戦力がなかった。あげくに、ボヤキで選手の反感を買い、「ノムラの考え」は行き届かず、また、その指示を実行できる技術がなかった。すべてが中途半端に終わったという印象が強い。

ノムさんは、素晴らしい野球への取り組み方を指南してくれたが、戦力が整っていてこそ、それらの「ノムラの考え」は機能するのだ。偉大なプレーヤーは、凡庸な監督を天才にするし、二流の選手は天才監督を負け犬にしてしまう。

日ハムも、栗山監督は、身内のコーチも引き連れずに一人でやってきた。ダルビッシュという大黒柱もいなくなったのに勝てたのには、戦力編成を常に考え、一、二軍の情報交換を活発にするなど、しっかりとしたフロント体制に支えられたのである。

巨人もそうだろう。2012年シーズンを前に、杉内俊哉《すぎうちとしや》、ホールトン、村田修一《しゅういち》をFAで補強した。ドラフトでは、長野久義、澤村拓一《さわむらひろかず》という2009、2010年の1位指名が中軸に収まっている。まずはフロント主導で、どれだけの選手、戦力を整えるかなのである。現場とフロントが一体となって編成を含めた戦う集団にならていなければ、ペナントを奪うことは難しい。

話が、落合竜と高木竜の比較から脱線してしまったが、私が説明するまでもなく優勝した落合竜と、巨人に大差を付けられ2位に終わった2012年の高木竜の大きな違いは、落合と高木両監督の采配の違いではなく、故障者の有無と、前述したように信頼の置けるセットアッパー、ストッパーの不在だろう。

4番のブランコも怪我で何度か離脱した。ピッチャーの心理として穴があっても一発の怖さを持った打者が4番にいると、「前を出せない」というプレッシャーがかかって、いろんな心理的影響が前後に出るのだが、その打者がいないと、強気で攻めることが可能になってくる。またエースの吉見一起《よしみかずき》も、5月と9月とシーズンに二度、大事な局面に故障でいなくなった。3連戦で絶対にひとつ勝てると計算の立つ投手がいないのだから、後のふたつに苦労することになる。投打の主力二人を欠いて貯金が22で、勝率・586は、通常のシーズンならば優勝のできる成績だ。落合監督が優秀で高木監督が無能だという議論はまったく不毛。どちらも監督としては高く評価されるべきである。

現在の野球における機密保持の重要度

その落合前監督が中日監督時代に徹底した情報管理は、敵チームのスコアラーの立場からすれば嫌だった。怪我の情報や、予告先発のなかった時代の先発隠しなどの機密の保持を徹底した。データとはチームの最高機密なのである。

しかし、阪神では、当時、データに対して、そういう意識の希薄な選手もいた。例えば遠征先のホテルに資料を忘れて帰ってしまうのだ。

私たちスコアラーはデータ集計を夜を徹して終わらせ、遠征先にも大きな紙袋ふたつ分くらいの資料を作って持っていく。3連戦の初めに一人一人のホテルの部屋に分厚いホッチキスでやっと閉じられるくらいの分量のプリントアウトしたデータの束を配っておくのだ。週刊誌くらいの厚みだから、確かに重くて荷物になるし、データを重要視してなかった選手にとっては、邪魔なゴミの束かもしれないが、チームにとっては、決して外に流出しては困る最高機密資料なのである。

どことは言わないが、本当にめざといチームは、その忘れた資料を買うなり、裏からうまく手を回して回収することがある。そこには、本書で私が書いてきたような選手に対するコメントがたくさん書き入れてあって、阪神が自分のチームのどこを注意点として見ているかがバレる。

例えば、この投手の何を狙っているのか。もしくは、この打者のどこを攻めているのかという、こちら側の手の内がバレれば、簡単に逆をつかれてしまうだろう。

吉田義男さんが監督の時代だったか、そういうデータの重要さを何度も説明してあったにもかかわらず、ホテルに忘れて帰る選手が多発したことがあった（そういうチームはやはり勝てずに、ずっと最下位だった）。私は、なんとかしようと渡すデータに一人一人、名前を入れて配ることにした。そして、ホテル側には、もし部屋にデータを忘れた場合は、破棄せずに必ず保管してもらって返却してもらうようにお願いしておいた。そうすれば、忘れた選手が誰かが判明する。そこまで手を尽くしてもデータを置き忘れてきた選手がいた。実際、ホテルから連絡をもらって、そういうポカをした選手には、ペナルティとして一切データを渡さないようにした。一方で賢い選手は捨てるどころか、全部自分の資料として保管していた。その一人が、現役時代の和田監督だった。そういう選手はデータを自分が足りない部分のプラスに使える。

ソフトバンクの秋山野球を象徴する松田宣浩のアグレッシブ

ソフトバンクの秋山幸二《あきやまこうじ》監督は選手を信頼している。ブレた指導がないように思える。西武の黄金期を支え、現役時代にスターだった人だが、王さんの晩年の指導者としての成功例を見ているから、その長所を踏襲しているように見える。つまり戦術、戦略というよりも、いかに選手のモチベーションを上げて起用してやるのかという人心の掌握術である。

引退した小久保裕紀《こくぼひろき》の起用法にしても、明らかに力が落ちてきた松中信彦《まつなかのぶひこ》にしても、不満分子とならずにプラスの影響をチームに与えるように配慮している。

当初、WBCの監督候補にも名前が上がった。WBCという代表チームの監督は、各球団のスター集団をまとめなければならない調整能力を求められる。そういう面では、秋山監督は適任なのかもしれなかった。

ソフトバンクは基本的には選手個々の判断に任せる放任野球、メジャー式野球なのだが、データは重要視しているようには見える。与えられたデータを元に選手個々が、うまく利用しているのかもしれない。小久保の日本シリーズでの解説を聞いていると、その投手のカウントを稼ぐボールや、勝負球などを的確に指摘していた。私はそれを聞き、2012年のソフトバンクのスコアシートと睨《にら》めっこしながら「なるほど」と感心した。

その象徴がWBCでは9番に座り、球界を代表するサードベースマンに成長した松田宣浩である。松田は、千葉ロッテの角中勝也《かくなかかつや》に負けずとも劣らぬ超早打ちのバッターだ。昨季の初球の打率は・465。後の章で詳しく分析するが、彼もまた2011年以降の統一球、新ストライクゾーンにアジャストしたバッターである。ただ角中との違いは配球を読んでくる点である。前の打席や、これまでの配球、そのピッチャーの得意球などを頭にインプットした上で、「これだ!」と決めれば、少々のボール球でも思い切って打ってくる。例えば、65ページのチャート図を見てもらいたい。

松田vs武田勝の3打席（2012年10月16日、日ハム対ソフトバンク）

積極打法の松田は、いずれも高目のボールをどんどん早いカウントから打って出る。3打席目には左中間二塁打

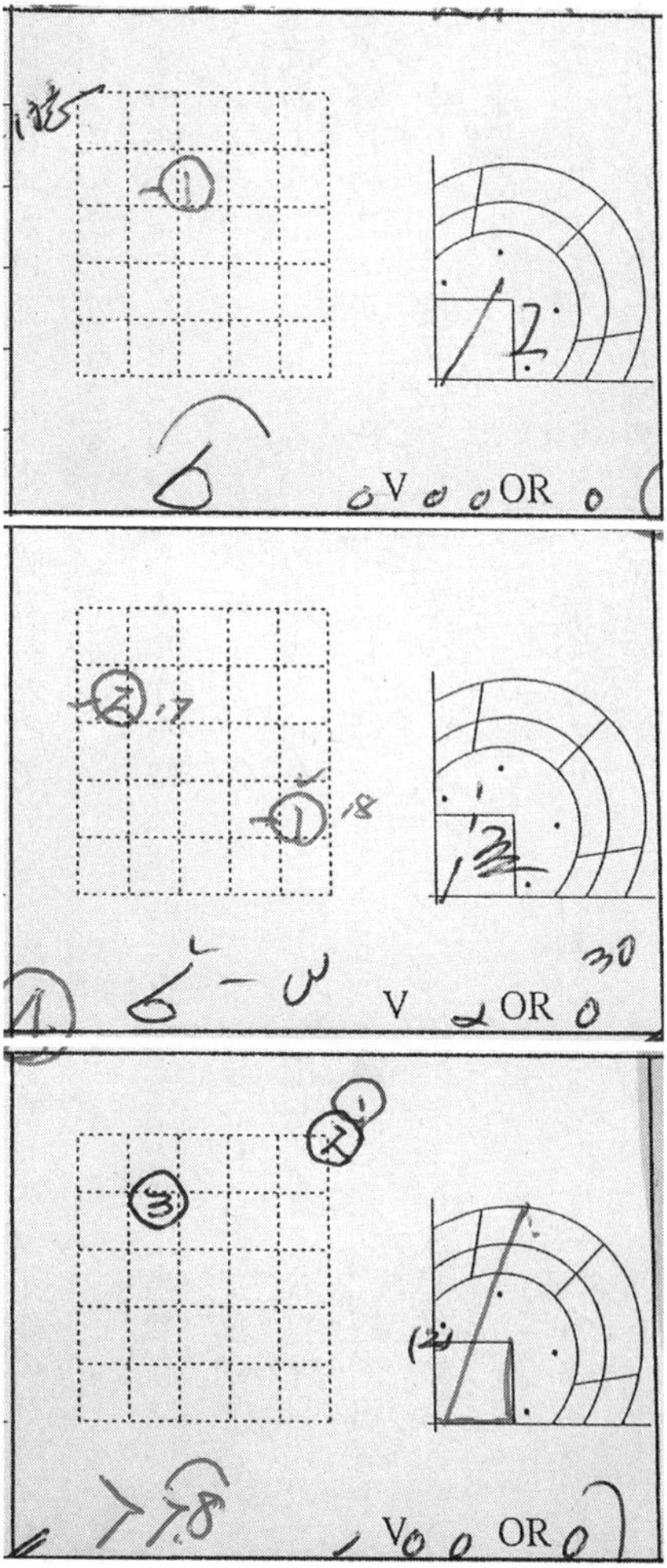

対武田勝に対して、1打席目は、初球の真ん中高目のスライダー、2打席目も初球から117キロのスライダーを打ちに出てファウル、続く2球目の118キロのスライダーをひっかけてショートゴロに終わっている。いずれも高目のゾーンのスライダーを狙っていたのがわかる。

「多少のボールでも狙っているボールならば積極的に打って出て芯に当てればいい」というバッティングスタイルが、統一球、新ストライクゾーンになって成功する打者の主流のようになっているが、その代表的なバッターが松田だろう。3打席目には3球目の高目のストレートを二塁打にした。ベースから少し離れて立ち、打てるゾーンが広いから、相手投手にすれば、狙っているボールの近辺のボール球で攻めるという配球が難しくなる。

ただ、ボールを選んでいくタイプではないので打数が増える。こういうタイプのバッターは、なかなか3割超えは難しい。

そして、塁に出ると積極的に盗塁を仕掛ける。松田を乗せると手がつけられなくなり、チームに火が付く。松田のスタイルが、ソフトバンクを代表していると思う。秋山監督は、指揮官不動の野球が理想のようだ。何もせず選手の好きなようにやらせているから積極性が制限され持ち味を失うことがない。

巨人や阪神のようにマスコミがあれこれと監視しているような球団ならば、結果を恐れここまで思い切ったバッティングや走塁ができないのかもしれない。しかし、決して無鉄砲な積極性ではない。しっかりと配球や相手の牽制の動きなどを読みながらの積極性なのである。

第2章

巨人の謎を解く

巨人攻略のシミュレーション「クリーンナップには逃げるな！」

スコアラーの視点で、巨人の攻略方法をシミュレーションしてみる。読者の皆さんも「私がスコアラーなら、このチームをこう攻略してみよう」と、予測して、シミュレーションを立ててから試合観戦に入ると、「こうしないから勝てないのだ」、「私が考えていた通りのことをこのチームもやってきたな」などと観戦の楽しみ方が広がるのではないだろうか。野球は最高の知的ゲームでもあるので、ぜひオススメしたい。

さて最強の巨人をどう攻略するかである。長いシーズンを考えると戦力差はいかんともしがたい問題なので、ここではクライマックスシリーズのような短期決戦をイメージして考えてみたい。

強いチームの王道だが、原監督は、前半は手堅く動き、チームに勢いがあると大胆なことをやる。選手層も豊富。若手投手の抜擢など采配に余裕もある。しかし、短期決戦となると少々話は違ってくる。私がスコアラーならば自信を持ってミーティングでこう言うだろう。

「巨人は確かに強いが、短期決戦ならば勝てない相手じゃない」

要するに、どこにポイントを置くかである。

まず打線の攻略方法から見てみる。1番の長野から2番の松本哲也《てつや》（寺内崇幸《たかゆき》）、3番に座る坂本勇人《さかもとはやと》までの3人は技術を持っている。長野は外が打てる。2番の松本も逃げない。坂本はストライクゾーンの幅が広い。まずトップの長野を出さないことに全力を傾けたい。彼は打・守・走の三拍子揃った選手だ。統一球、ストライクゾーンの変更で多くの選手が苦しんだが、彼は2011年に打率・316で首位打者のタイトルを取った。2012年も144試合、最多173安打、60打点、20盗塁。三振が100もありながら四死球が76もある。

なぜか？　それが長野のバッティングスタイルの特徴なのである。1番打者でありながら、ボールを選んで塁に出ようという意識はなく、初球から超積極的にストライクは打ちに行き、ヒットで出塁してチームに勢いをつけようと考えている新しいタイプのトップバッターなのだ。ストライクゾーンが外に寄っているハイボールヒッター。バットの芯で当てることのできるゾーンも広く、バットコントロールの精度もい い。極端な引っ張りや強振もしない。コースに逆らわず打てる柔らかさも兼ね備えている。

だが、ウイークポイントも少なくない。インサイド、低目、抜き球の3点に弱い。積極性があるから裏返しに選球眼も、それほどよくない。インサイドを攻めきれていないのが、長野を抑え切れない理由なのだ。私がスコアラーならば、インサイド攻めをミーティングで徹底するだろう。

2番の松本は、繋ぎが上手いが、走者のいない場面では怖くはない。長野を抑えると次の関門は坂本である。坂本の身体能力、野球の素質としてはイチローに匹敵する。長いリーチを柔らかく使って広角に打てるのが魅力だ。甘いボールは初球から打って来る。557打数もあって四球が45しかないのは積極性の証拠だろう。

元々、インコースに強い代表的なバッターだが外角も苦にしない。ゆっくりしたタイミングの取り方で〝間《ま》〟が作れるから、変化球の対応力が素晴らしい。バッターボックスの所作を見ていると、どうも追い込まれると変化球を待っておいてストレートにも対応しているようだ。バットスイングが速くなければできない技術。ノムさんが「ほとんどの打者がストレート待ちの変化球対応だが、その逆ができるのが理想」と語っていたが、二流選手には、真似のできない技術を持っている。

しかも、彼は、研究心が旺盛のようだ。オフにヤクルトの宮本慎也に弟子入りをして守備の不安を解消したし、バッティングにおいても「長野さんの最高の技術を見て盗んで自分のモノにしたい」と、何かのインタビューで語っていたが、向上心と努力する姿勢を持っていることはスーパースターになれる素材だと思う。イチロー選手のように、グランドに入った時から出ていくまで、一切何に対しても手を抜かない求道者のようなスタイルを貫けばさらに大きく育つだろう。

昨季は16個だった盗塁も「スキをついてやろう。牽制のクセを盗んでやろう」と意識を高めれば増やすことは可能だ。

その坂本に対しての攻略方法としては初球の入り方は徹底したい。

外角低目のボール。もしくはタイミングをずらした変化球を使う。とにかくファーストストライクに要注意である。慎重に入って縦の変化で打ち取るしかない。インサイドは得意だが、時折、ドン詰まりの打ち損じをする。おそらく読みが外れたのだ。インサデータと打席での所作から察知して読みの裏をどうかくか。そこが重要になってくる。

そして、さらに問題なのは阿部と高橋由伸の4、5番である。彼らは弱気で攻めると目もあてられない結果となってしまう打者だ。つまり変化球でかわすことができない打者。クリーンナップに対して逃げずに強気で攻められるかどうか。逃げて一度でもやられると手がつけられなくなって、それがチームの勢いになる。短期決戦ではそこでの攻防がポイントとなる。

2012年の日本シリーズでは日ハムの先発投手陣を見渡して武田勝がインサイドを攻め切れるかどうか不安だった。案の定、二度目の先発となる第6戦では、序盤につかまり3回持たなかった。武田は、対左打者に対してインサイドを突くことができずにコントロールと緩急、外中心の組み立てになってしまっていた。巨人のような打線との短期決戦で一度、逃げてしまえば、そこにつけこまれ、袋叩きにされるのだ。

第5章に詳しく解説しているが、特に阿部はデータを使い見事に配球を読んで打つ。狙えばインサイドも強い。阿部に対しては、とにかくストレートと同じ腕の振りでの内へのカットボール。外へのツーシームなどの小さなボールの変化をうまく使ってタイミングを崩すしかないと思っているのだが、一筋縄にはいかないだろう。高橋由の昨季の成績は、130試合に出場して打率・239。まだ完全復活とは言えない。本来インサイドに滅法強い打者だが、昨季は、そのインサイドに差し込まれていた。しかも低目の球を怪訝な顔をして見送るケースが多々ある。ベテラン選手は、新ストライクゾーンへの対応に苦しんでいるが、高橋由もそうなのかもしれない。そう考えると高橋攻略には、十分に可能性がある。

1番から5番までを乗り切れば、ここから先には、そう巨人らしさはない。

特にFAで移籍してきた村田は、インサイドと外角に決定的な欠点を持っている。彼は、非常に真面目な男だ。北京五輪のアジア予選でデッドボールを避けることをせずに体を張って塁に出たシーンが忘れられない。おそらく、あれが村田の野球人としての姿勢だ。星野ジャパンは、あの村田のガッツでチームに勢いがついてアジア予選を勝ち抜いたのである。器用さがないが純で一生懸命。こういう選手はプレッシャーが敵になる。真面目ゆえにあれこれ考えるのである。だから器用さのない選手は、首脳陣が我慢して使わねば結果につながりにくい。

彼は、巨人に移籍して打法を大きく変えた。「打線をつなげよう」という意志が明らかにわかる。おそらく昨季は、一球、一球に冷や汗をかきながら試合をしたのだろう。それを乗り越えた今季は怖い存在ではある。しかし村田と高橋由では、チームへの貢献、影響度が違う。これは読者の皆さんにはわかりづらい感覚かもしれないが、やはりFAで外から来た選手よりも、生え抜きの選手の方がチームに与える影響力が大きいのだ。まして高橋由は、故障から不屈の精神で立ち直ってきた男。いくら村田が、結果を出せなくて批判されバントまで命令されて、そこから復活してきたとしても影響力には違いが出てしまう。ゆえに、攻める側は、生え抜きの高橋由を乗せないことに気を配る必要がある。

1、2番の出塁への警戒と、クリーンナップへの内角への意識。打線に関して言えば、この2点を守ることができれば、短期決戦に限り、巨人恐れるに足らず—である。

巨人投手陣の攻略の糸口は宮國と澤村

続いては巨人の投手陣をどう打ち崩すかを考えてみたい。

左の両エース、内海哲也《うつみてつや》と杉内の二人を崩すのは難しい。彼らには勝てないが、他の投手には攻略できる要素はあった。短期決戦で打ち崩す糸口があるのは、宮國椋丞《みやぐにりようすけ》と澤村拓一《さわむらひろかず》とホールトンだろう。

沖縄・糸満高校からドラフト2位で入団2年目の宮國は攻略できる。183センチの身長より高く見えるオーバーハンドのフォームは、テイクバックが小さくボールの出所が見にくい。柔らかくシャープ。意識して球を動かしているのか、指のかかり具合でコースによって変化しているのかはわからないが、ストレートがカット、ツーシームと手元で小さく動く。加えて縦の大きいカーブでもカウントを取れるコントロールがあり、スライダーは、腕を横から振って変化を付ける。フォーク、チェンジアップも持っていて縦の変化と緩急を使える。そして、一番の才能はピンチで動じない度胸と集中力である。勝てる投手の条件は満たしている。また若いのに牽制やクイックが上手い。走者がいても気になって配球に影響を与えることもない。

しかし、本当の技術はまだない。今は素質だけで投げている。左ページのピッチングレポートを見て欲しい。高目のストレート、スライダーを待っていると、必ず1球は失投がある。コントロールミスが多いのがわかるだろう。そこは、まだ未熟だ。上半身と下半身のバランスが安定した時は、惚れ惚れするボールが来るが、バランスが悪かったり、早く体を開いて投げるボールもあって一定しない。リリースポイントがバラバラなため、ストレートひとつ取ってみても、いいボールと悪いボールでは134キロから143キロと9キロもの差がある。そして抜け球が、非常に多い。内海、杉内に比べると、つけこむ余地が十分にある投手だ。

澤村の一番の特徴はストレートのスピードとキレである。しかし、全力投球が持ち味だからコントロールミスが多い。逆球《ぎゃくだま》と失投である。勝ち星と負け星が並ぶのは、そういうことだ。ボールに球威がある間は、打者が打ち損じてくれるが、球威が落ちた試合の後半や、ペナントレースの終盤にどう対処するかが課題だろう。だが、

宮國のピッチングレポート（2012年９月６日、対阪神戦）

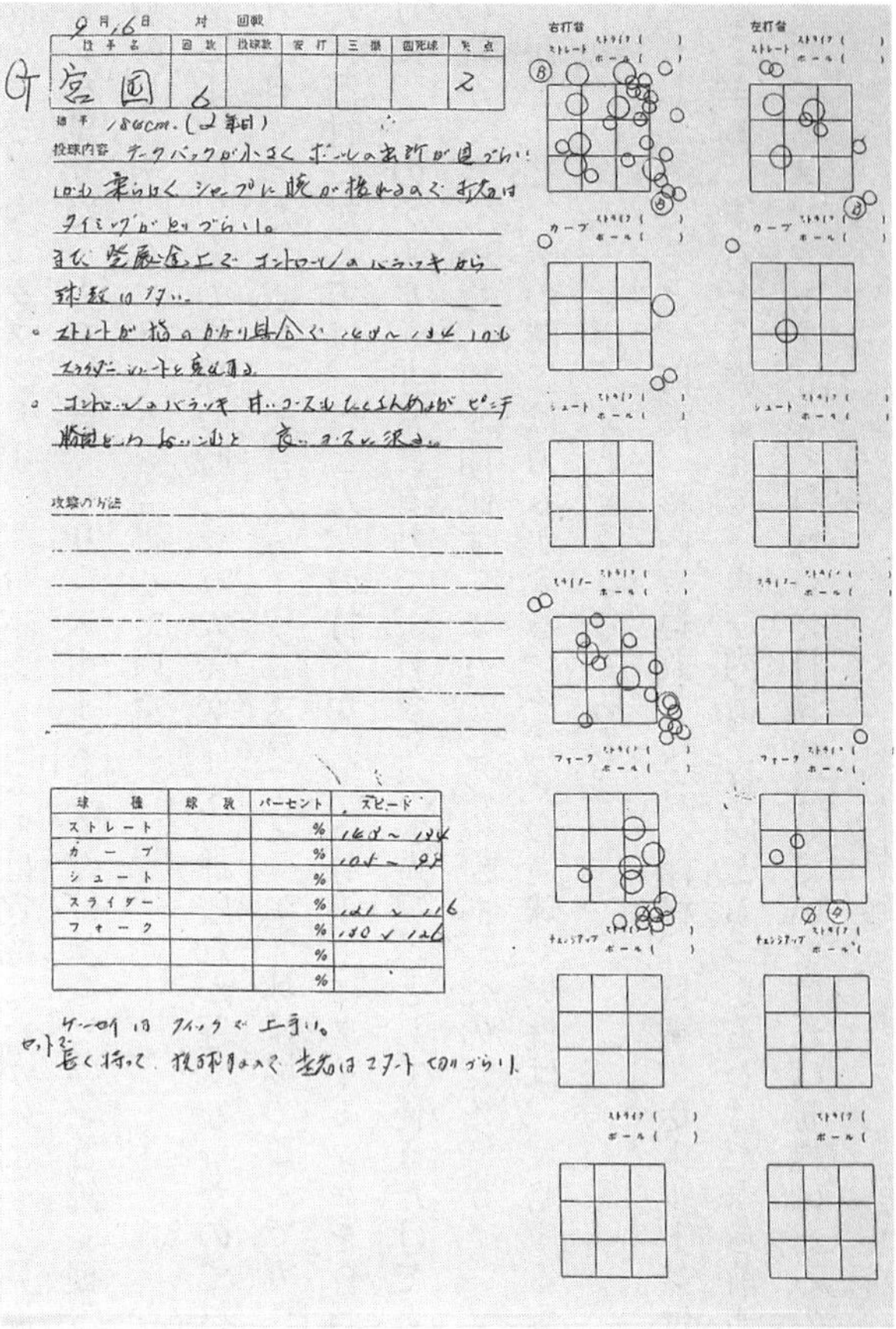

対右打者の直球、スライダー、フォークの集計分布図を見れば甘いボールが何球もあるのがよくわかる

昨季のクライマックスシリーズ、日本シリーズでは覚醒したかのような見違えるピッチングを見せた。力を抜き、リリースポイントでだけ腕をビュンと鋭く振るような脱力型のピッチングフォームを会得していた。

スピードは、全力投球の時とそう大差がなく、球離れが遅くなったので打者に振り遅れが目立った。ポンと大きなカーブ（スラーブ）を配球にはめこんでカウントを取った。澤村に対しては、ほとんどの打者が、ストレートにタイミングを合わせているだけに、このボールが非常に有効で、外角に外す遊び球として使うだけでも、組み立ての幅ができていた。何か開眼するようなヒントがあったのだろうか。

しかし、ピンチの時には力みが入る。そこでの逆球や失投は、攻略する側からすると、絶好のウイークポイントとなるのである。

こうして考えると、内海、杉内で連敗しても、澤村、宮國、ホールトンは、十分に攻略できる。すると3勝2敗で、再び内海、杉内とぶつかるわけだから前述の巨人打線を封じるメソッドを守って打線さえ目覚めさせていなければ勝機はあるのである。

杉内は、なぜセ・リーグでも活躍できたのか

ちなみに杉内は、なぜセ・リーグに移籍しても勝てたかについての分析を明らかにしておきたい。杉内は、ボールを打者に最後の最後まで見せない理想的な投球フォームである。

ハッキリ言って力感はない。ゆったりしていて腕の振りも速くは感じないのだが、その腕の振りにバッティングのタイミングを合わせていると、ビュッと手元でボールがくる。幻惑されてタイミングが狂う。バッターが持つ体感を逆に利用する魔力を持った左腕なのだ。ボールのリリースポイントが前で球持ちがいいからボールにキレが生まれる。しかも、ストレートと同じ腕の振りで繰り出される低目へのスライダー、フォーク、チェンジアップが素晴らしいし高低差をうまく使えるのが特徴だ。

83ページの表は8月16日の対中日戦のピッチングレポートである。右打者、左打者それぞれにストレートをスライダーの配球を集計したチャート図を見てもらえばわかるだろうが、実は細かいコントロールはない投手で、結構甘いコースにもボールが寄っている。それでも、この試合、杉内は8回まで中日打線を無得点に抑えた。球種の

70から80%は、変化球で、そのほとんどがスライダー系。毎回のように三振を奪い、打者が的を絞りきれていない。和田一浩《わだかずひろ》に対しては大胆にインコースを攻めていき、インコース膝下のスライダーで三振を奪っていた。ストレート系に的を絞っていると、ついつい低目の変化球に手が出る。錯覚のマジックである。そういう杉内の技術的な優位性はセでもパでも変わらない。だからセの野球にも戸惑うこともなく結果を出したのである。

杉内のピッチングレポート（2012年８月16日、対中日）

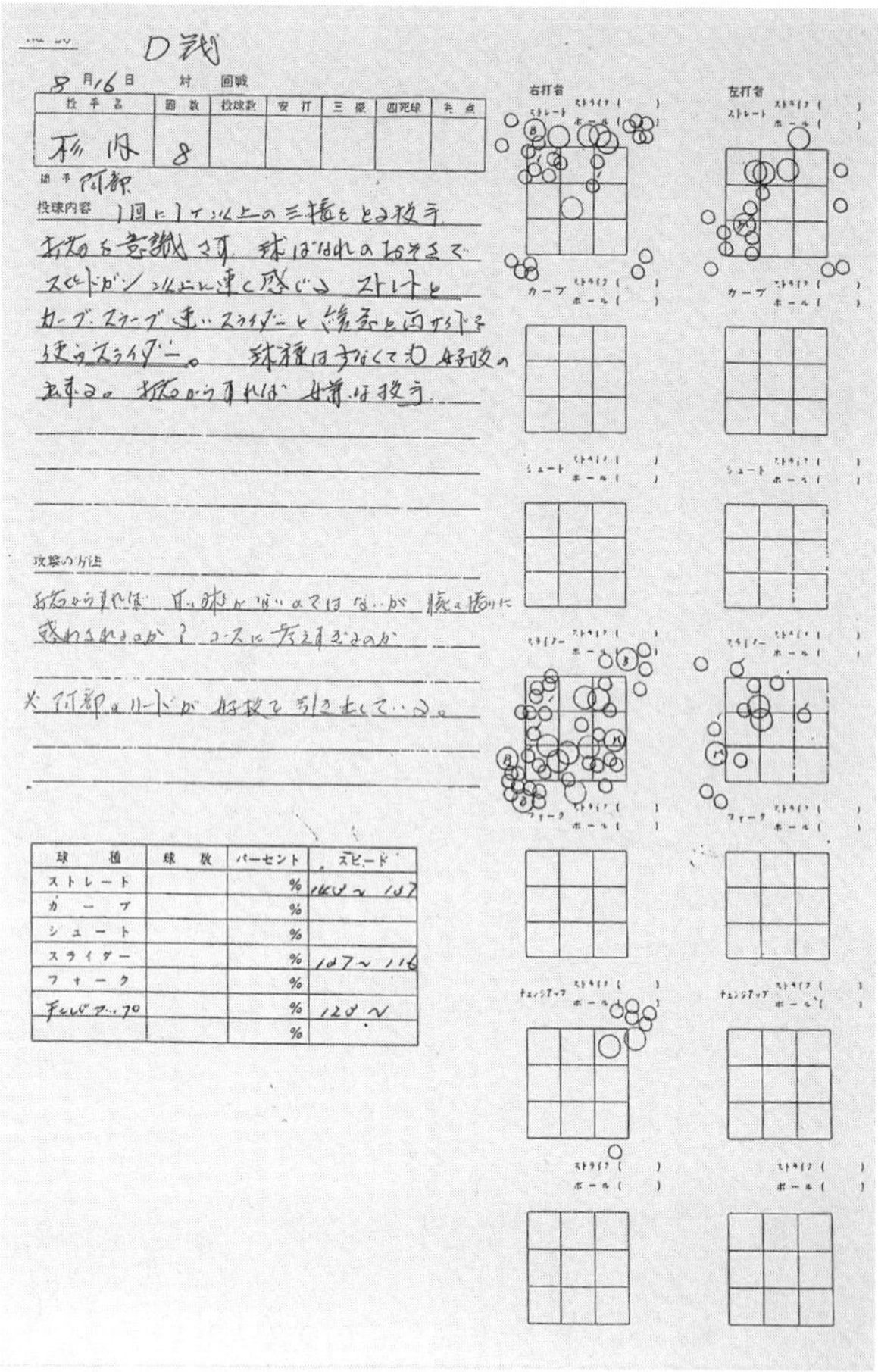

D戦

8月16日　対　回戦

投手名	回数	投球数	安打	三振	四死球	失点
杉内	8					

捕手　阿部

投球内容　1回に1ケ以上の三振をとる投手。打者を意識さす。球ばなれのおそさで、スピードガン以上に速く感じるストレートと、カーブ、スローブ、速いスライダーと緩急と両サイドを使うスライダー。球種は少なくても好投の出来る。打者からすれば嫌な投手。

攻撃の方法　打者からすれば　甘い球がないのではないが　腕の振りに惑わされるのか？　コースに考えすぎるのか

※　阿部のリードが好投を引き出している。

球種	球数	パーセント	スピード
ストレート		%	140～147
カーブ		%	
シュート		%	
スライダー		%	107～116
フォーク		%	
チェンジアップ		%	120～
		%	

右打者　左打者

ストレート　カーブ　シュート　スライダー　フォーク　チェンジアップ

対右打者への直球は高目が多く、スライダーの制球もバラバラなのが集計分布図で一目瞭然。なのに錯覚のマジックで打たれない

第3章

投手の謎を解く

投手の勝負球とカウント球を見極める

ピッチャーに関してはチャート図を正確に付けてデータを作るのがスコアラー式観戦の基本型だ。チャートを作ると、コントロール、球種、配球の理由などが見えてくる。特にピンチの時ほど傾向がハッキリと現れる。困った時に使う球は何か。例えば、ファウルされた、またファウルされた。さて、次は何を投げようかと困った時に、どういう球を投げるのか。その中でも、カウントを取る球、勝負球については徹底的に研究した。

・ストレートで追い込んだ時の勝負球は？
・変化球で追い込んだ後の勝負球は？
・外角で追い込んだ後の勝負球は？
・誘い球（ボール）をたくさん使うか？　力勝負してくるか？
・ピンチの時・俊足ランナーで配球が変わるか？

チェックするのは、そういう部分だ。
スコアラーは、投手の調子を調べることを重要視された。

スピードとキレとコントロール。この3つをチェックするわけだが、だいたい次の3つに当てはまっている投手は調子がいい。

①　ストレートで空振りを取れている。
②　逆球《ぎゃくだま》が少なく、ほとんど狙ったコースにコントロールされている。
③　打者の狙いを外して捕手との呼吸がぴったり合っている。
④　テンポもリズムもよい。

フォームの特徴や球のキレは自らの目で判断しなければならない。そして調子を知るためのバロメーターになるのが、打者の凡打の内容である。打ち損じてくれているのか？　打ち取っているのか？　結果を示す記号だけでは読めない点だ。

私は、球場に観戦に訪れた読者の方には、プレイボールがかかる前のピッチャーの動きを注意深く観ることをオススメしたい。投手は必ずマウンドに上がってからピッチング練習を行なう。イニングの合間にも5球以内を投げるが、ビールを買いに行かずに、一度、そのピッチング練習をじっと見ておいて欲しい。実は、どの投手も必ず5球の間に変化球を織り交ぜるが、そこでは自分の得意とする球種を投げようとするものなのだ。勝負球とカウント球を推測できるし、その変化球の球筋を見ておけば、その後、投手の配球を推測する時の役に立つ。二軍から一軍にいきなり上がってくるなど、あまり材料がない投手の場合は、我々も、そのピッチング練習からじっと観察して少しでも情報を集めようとしたものである。

スコアシートは、89ページの図のような25分割したストライクゾーンにできる限り、正確に印を打ってもらいたい。そして、シンプルなわかりやすさが大切である。球種を表現する記号に共通した決まりはないので読者の皆さんが自分でルールを作ればいいだろう。

私は球種としては●や▲の記号で書き入れ、その中に1球目から投じられた配球の順番に1、2、3、4……と番号を付ける。球種はわかりやすいようにさらに色分けもしていて黒がストレートでカーブが赤、スライダーはオレンジ、シュートは青で、フォークは黄色、チェンジアップはピンクだった。

現在は、ツーシームやカットボールなど球種が増えた。ダルビッシュ有などは、見たことのないような変化球を操る。スライダー系だけでも、スライダー、カット、ス

スコアシートの付け方例

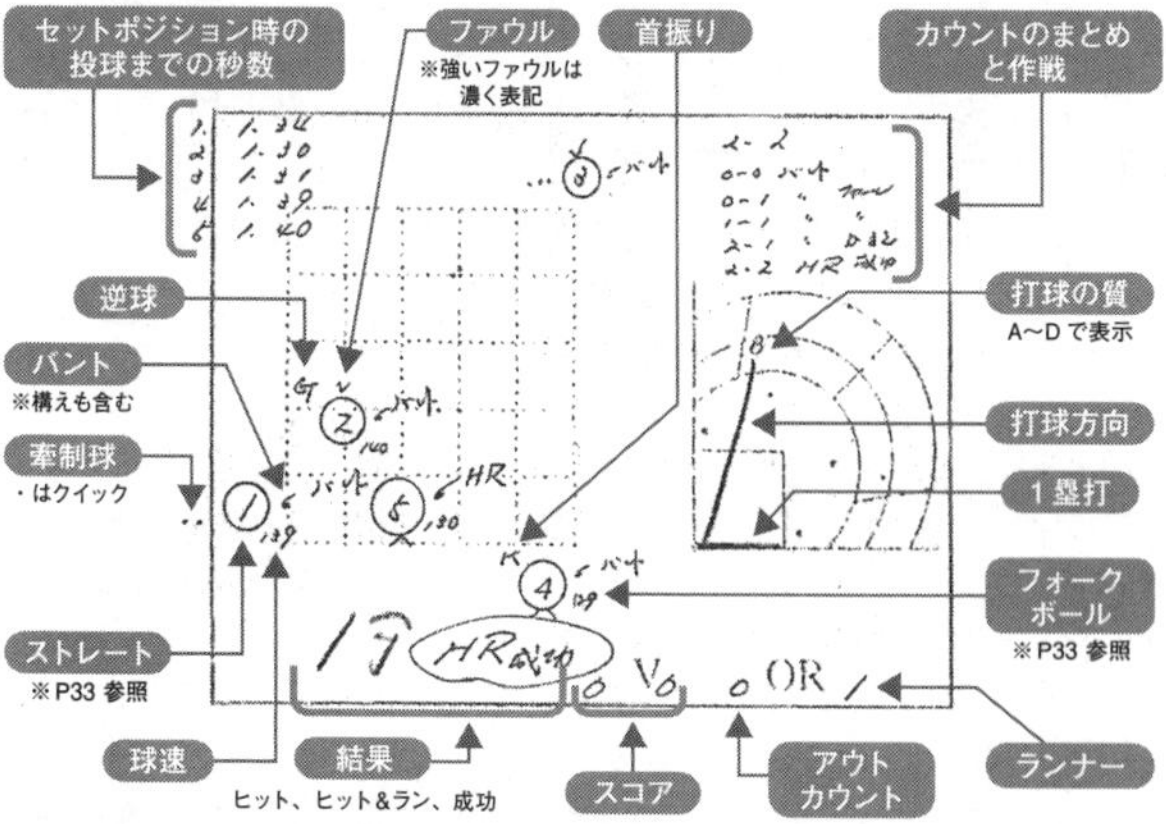

- **第1球**　2球牽制の後139kmの直球。外角低目ボール。バントの構え
- **第2球**　140km直球。外角やや低目をファウル。捕手のミットと逆
- **第3球**　牽制3球の後、内角高目のボール。バントしファウル
- **第4球**　捕手のサインに首振り。内角にボールになるフォーク
- **第5球**　真ん中低目のフォーク。ヒットエンドラン成功

作　戦　略　称

BT　バント	**BR**　バント&ラン	**DB**　ドラッグバント
SB　セーフティバント	**RB**　ラン&バント	**SR**　バスター&ラン
BS　バスター	**S**　盗塁	**PB**　プッシュバント
SQ　スクイズ	**SS**　重盗	**OT**　その他
HR　ヒット&ラン	**DS**　ディレイドスチール	
RH　ラン&ヒット	**SD**　進塁打	

投　球　略　称

G　逆球 捕手が構えたミットと逆に来たボール	**K**　首振り 捕手のサインに首を振った次のボール	**Q**　クイック クイックモーションで投げたボール

ラーブ（大きなカーブ）にも抜き球と抜かないものがある。球種がわからないボールに対しては、スコアシートにチェックだけをしておき、終わってから、もう一度、映像を分析して、その球筋やボールの握り、手首の使い方などを見て、球種を書き入れることもある。繰り返すが、データはシンプルが基本。球種が増えたからといって、スコアシートが複雑になるのは避けたかった。

ツーシームはシュート、カットボールはスライダーの範疇《はんちゅう》に入れてシンプルに処理していた。ただ、どういう時にカットボールが来るのか、スラーブのようなカーブとスライダーの間の抜いたボールは、どういう状況で使ったかなどは傾向を弾き出して、ミーティングで補足説明するようにしていた。

今回のスコアシートでは、33ページの表のような形式で球種を表現してある。

逆球を示すGマーク　凱旋帰国したオリックス井川慶の不調理由

阪神には「G」という特殊なマークがあった。キャッチャーが、構えた場所と逆側に来た、通称「逆球」と言われるコントロールミスしたボール。「G」はGYAKU

DAMAの頭文字の「G」である。たとえ失投しても、ボールに勢いがあって相手が打ち損じてくれれば結果オーライで勝てる。だが、打ち損じてくれなければピンチが広がる。つまり、総体的に逆球の多い投手は、コントロールミスが多い証でいい球と悪い球のムラが激しくローテーションの軸としては信頼できない。勝ち数と、負け数が、最終的に揃ってしまうというピッチャーは、どこの球団にも一人はいるけれど、そういうピッチャーのデータを見ると、たいていの場合、逆球が多いのである。

昨季で言えば意外かもしれないが、メジャーに挑戦したテキサス・レンジャーズのダルビッシュが多かった。特に地区優勝戦への進出チームを決めるワイルドカードワンゲームに先発抜擢されたオリオールズ戦のピッチングではGマークが目立った。

新聞報道によると、その試合では首の寝違えなどコンディションが万全ではなかったという。それを差し引いたとしても日本での日ハム時代のダルビッシュからは考えられないほど逆球が多かった。ストレートはほとんどない。カットとツーシームで両サイドを攻めてはいるが、それらのコントロールミスした逆球をオリオールズ打線は見逃さなかった。

阪神からヤンキースへポスティングで移籍。メジャーでは結果が残せず、日本球界にカムバックしたオリックスの井川慶《いがわけい》も2012年シーズンは逆球が多かった。緩急はつけていたが、私が知っている阪神時代のキレやスピードにはほど遠い。ストレートの最高速度が143キロ。ボールは全体的に高い。コントロールが安定していなくて、特に阪神時代にウイニングショットだったチェンジアップのキレ味が悪く、球数も少ない。ストレートにスピードがないからチェンジアップが効果的ではないのだ。すると打者は、ストレート待ちで変化球に十分対応できてしまう。

ただ、井川は、惚れ惚れとするようなプロフェッショナル意識を持っている選手である。黙っていても練習をする。実は、オリックスに凱旋帰国した2012年は、表に出ていない故障を井川はいくつか抱えていたが、「井川だけは文句も言わずに投げ続けた」と、オリックスの岡田前監督が感心していた。自慢だったはずの下半身の粘りがすっかりなくなっていたが、今後、トレーニングを十分に積めば、まだまだ衰える年齢ではないだろう。

Kマークは首を振った印　ダルビッシュ有と藤川球児の傾向

サインに首を振った後に投じたボールに関しては「K」というマークをつける。KUBIFURIの頭文字の「K」だ。ノムさんが、「サインに首を振った後の球種の選択にバッテリーの傾向が見える」と、その部分のチェックを重要視した。このデータも集積すると、投手や捕手の性格や傾向が如実に出るのだ。

読者の皆さんも、しっかりとピッチャーの様子を観察しておいて、1試合、首を振った後にどんな球を投げたかを集計してみると面白い傾向が出ると思う。

特に速球派投手に、その傾向が強く出る。つまり首を振った後には、ストレートを選択するのだ。変化球で逃げて打たれたら悔いが残る。悔いを残さないボールはストレートというロジックから弾き出た結論なのだろう。

若くして天国に旅立った広島の炎のストッパー、津田恒実《つだつねみ》がそうだった。強気だから首を振ったら次のボールはたいていストレートである。その代表的な投手の一人が、今季からメジャーに挑戦した元阪神の藤川球児だった。

読者の皆さんは、記憶に残っているだろうか。私は、彼と中日のタイロン・ウッズとのクライマックスシリーズでの対戦が忘れらない。2008年のクライマックスシリーズの阪神―中日の第3戦。0―0で迎えた九回二死三塁で、打席にはウッズを迎えた。

カウント3―1からは外角低目へストレート。スピードガン表示は150キロが出た。ウッズは、バットを止めて一塁線へのファウルとなった。

フルカウントとなったサイン交換で藤川は首を振らなかった。

捕手の矢野燿大《やのあきひろ》は続けて外に構えた。おそらく狙いは外角低目のストレート。だが、その一球は甘く真ん中高目に入る逆球となった。ウッズのフルスイングした打球は、決勝2ランとなって京セラドームの左中間奥深いスタンドに消えていったのである。

なぜ、ここで変化球を挟まなかったのか。

このシーズン、藤川はウッズと9回対戦して2安打。どちらもフォークをひっかけられてのものだった。フォークで三振もなく、藤川は、記憶のいい投手なので、その対戦データがインプットされていたのだろう。藤川は、著書「未熟者」(ベースボール・マガジン社）に「走者が三塁。ひっかけられてのヒットが怖い。フォークでの三振はなかったしフォークは通用しない。フルカウントなら高目を見極めようとするからタイミングが遅れる。だからストレートを選択した。アウトコースから自分に向かってくる真っ直ぐには弱いというデータもあった」と書いている。

だが、そこがピッチャーと私たちスコアラーの思考の決定的に違う部分だ。

四球でもいいのだ。ここは裏をかくべきであった。そんなにフォークが怖いならば、ストライクゾーンに投げなくてもいいのではないか。ボールになるフォークを1球チャレンジして良かっただろう。ここは、矢野の出したサインに首を振った場面ではなかったが、私は、「ストレートで勝負したい」という藤川のエゴが出た結果だと思っている。ノムさんが「一人で野球をやるのは、アホや」と一番怒るシーンである。投手には、投手族という言葉があるくらいだ。自分本位で、時折、客観的に自分を見ることができなくなる人が少なくない。

メジャーに挑戦したダルビッシュも、よく首を振る投手である。日ハム時代からそうだったが、本来ならば気を使うはずのメジャーでも、ダル流を押し通して首を振った。彼の場合は、エゴというよりも、自分で配球を組み立てようとする投手。6つも7つも球種を持っていることも、そういうスタイルにつながっているのだろう。だから、Kマークの後の配球に傾向が出にくい。おそらくメジャーでも日本の配球をしたかったのだろう。加えてメジャーのキャッチャーは、必ずストライクゾーンで勝負しようという傾向があるので、その配球に疑問がついたのだと推測できる。

150キロを超えるストレートをメジャーの打者は苦にしない。ほとんどと言っていいほど、その最高に速いボールに狙いを絞っていて変化球など待たない。だからストレートに見えて小さく変化するカットやツーシームも強引に振ってくるので、打ち損じを誘うことが可能になる。またブレーキが効いて落ちる大きなカーブが有効だ。ダルビッシュは、どの変化球の精度も高いので変化球主体のピッチングに修正することは、そう難しくなかったと思う。それでも何度もフォーム改造などを繰り返してきたのは、球場ごとに違うマウンドの傾斜や、環境の違いと、自らのコントロールの精度をアジャストさせていくのに必要な作業だったのだろう。

ダルビッシュとは、北京五輪に一緒に行った。開幕のキューバ戦で先発したが、国際球とマウンドに馴染《なじ》まず、さらに雨が降るという最悪のコンディションの中でコントロールが定まらず結果を出せなかった。それでも、私がミーティングで「キューバは全体的に外が強い。ぶれのないすり足のステップでスイングが驚くほど速くしかもリーチが長いので外の変化球にも対応できる。甘い外は見逃さない。逆にインサイドは弱い。キューバの国内リーグではインサイドを使う投手がいないので慣れていない。初球から中途半端に外は攻めるな。使うならインサイドだ」と指示すると、その攻略方法を頭にインプットして、インサイドを大胆に攻めようとしてくれていた。

的確なデータと、その使用方法を伝えても、それを生かせる選手と、生かせない選手に分かれるが、ダルビッシュは、それを飲み込んで、アウトプットできるタイプの投手である。

おそらくいろんな環境や打者傾向などの経験を経た今季は、さらに成績を伸ばすだろう。レンジャーズでも相当の貯金を造るエースに上り詰めると思う。

コントロールが命　心理学者投手　ソフトバンク・攝津正

私は、長年のスコアラーの経験から勝てる投手の条件を整理してみたことがある。
以下の13ヶ条に当てはまる人が私が考えるプロの世界で勝てる投手である。

①独特のフォームで打者に恐怖を与えタイミングが取りづらい。
②ゆっくりとしたフォームから〝球の出所〟が見づらく、しかも腕の振りが速い。フォームとスピードが異なって打ちにくい。
③球持ちがよく、キレがあり、スピードガンの数値より速く感じる。
④球が速い（指先にかかったスピンの効いた球が最低でも70～80%。一流になると90%以上必要）。
⑤コントロールがよい（低目にコントロールできる。特に新ストライクゾーンになって効果がある）。
⑥必ず内角に厳しいボールを投げる（速くて小さい変化、シュート・カット・スライダー）。

⑦独特の変化球を持っている。
⑧ストレートと変化球が同じフォーム、腕の振りで投げられる。
⑨打者にボール球を振らす技術がある（高目の速球。低目の変化球で）。
⑩審判を味方につける（カウント1―2、2―2の勝負球を、ストライクとコールされるか？　ボールとコールされるか？　この差が勝てる投手になる差）。
⑪俊足ランナーを出塁させた場合やピンチでも配球が変わらない。
⑫守備が上手い。
⑬牽制がワンパターンでなく上手い。

ピッチングとは「ストライクを稼いで」「追い込んで」「打ち取る」の繰り返しである。ボールの出所が見づらくてスピード&キレがあり、しかも同じ腕の振りから変化球が低目にコントロールできることが、理想ではあるが、スピードがなくても自分の持ち球すべてを使って、緩急・内外・高低・ストライクとボール……を精密なコントロールを持って組み合わせることで球種を増やすことができるし、タイミングを外すこともできるし打ち取ることができる。つまりコントロールが命なのである。

現在の日本球界でコントロールにおいて、トップレベルの投手が、中日の吉見一起と、ソフトバンクの攝津正《せっつただし》の2人だろう。双璧だと思う。

攝津正は、昨季、杉内、和田毅《わだたけし》、ホールトンと3人も先発の顔がチームを去った緊急事態を埋めるためストッパーから先発に転向した。私は、当初、この転向は成功するとは思っていなかった。

ストレートは135~145キロで速くはない。そこにスライダーとウイニングショットのまるでフォークのような落差でストンと落ちるシンカーを織り込むが、コントロール主体でボールに絶対的な球威がない部分が不安だと考えていたのだ。しかし、その予測は見事に裏切られ丁寧なコントロールでエースとして負けない投手になった。ストライクとボールの出し入れは芸術品である。打者が、打ち気で力んでいると、スッと抜いたカーブやシンカーで誘う。逆にウエイティングの様子を察知すると、裏をかいてズドンとストレートでストライクを取りにいく。

打者の気配を察した緩急は、まるで心理学者の域にある。大胆な内角攻めに外角の変化球と低目の落ちる球。打者が打ち気にはやっている時の誘い球とボールゾーンの使い方。投球術が素晴らしい。常に冷静でピンチでは強気で攻める。状況によっては徹底して変化球を外角中心に集めるなど、打者との駆け引きが心理学者のように絶妙なのだ。ストライクゾーンを一杯に使えて、しかも配球に偏りがない。これは、打者の動きと特徴、前打席の配球、前の対戦の時の結果をすべて把握しているからできることだろう。

ピッチングフォームはテイクバックが異常に小さい。打者に錯覚を起こさせるようなフォームでタイミングをずらしている。昨季、１９３と１／３回を投げて被安打１４８は少なくないが、ランナーを出した後の投球が、上手いから自責点は41に留まっている。きっとストッパー時代に知った〝1球の怖さ〟が先発になっても丁寧さを失わないことにつながっているのだろう。

チーム内の他の投手にコントロールさえ磨けば勝てるのだという、投球術のお手本を示した意義も大きい。力任せで逆球が多く、10勝すれば10敗する投手の対極にいるピッチャーである。スコアラーとしては、こういうピッチャーが一人いると助かる。

なぜならばミーティングで「この打者には、こう攻めれば大丈夫」というお手本のようなピッチングを見せてくれるからだ。攝津のようなボールで抑えられるならば、力のあるボールを持った選手は、なおさら「ここを攻めておけば大丈夫」と自信を持って投げ込むことができる。攝津の存在は、間違いなく武田《たけだ》翔太《しょうた》や大隣《おおとなり》憲司《けんじ》らに影響を与えている。こういう波及効果が「投手王国」と呼ばれる強いチームを作っていく。

スピードガン　武田翔太のスピード&キレが球界NO.1

スピードガンのチェックは野球ファンにとっても楽しみのひとつだ。スコアラーも、その数値は、すべてチェックしてスコアシートに書き込んでいく。それを元にストレートの最高、最低、平均、変化球の最高、最低、平均を集計しておき、相手のコンディションや調子を計る際の目安とするのだ。

例えば、150キロを超えるボールはたった1球で、平均すれば、144、5キロくらいの投手なのに「150キロ投手！」というイメージだけが先行して打者の潜在意識に「速い」と植え付けられることは避けたい。実際、選手が名前を聞いただけで「速い投手だ」と混乱、錯覚を起こすこともある。そこはセンシティブに捉《とら》え、できるだけ平均とミニマム数値を伝えるようにしていた。またセットポジションでのスピードも平均化しておき、走者を背負うと極端にスピードの落ちる投手はチェックしておく。そこが大きな攻略のポイントになるからだ。

これらのスピードガンの数値を丹念に拾い上げて集計してみると、いろいろと新しい発見があるかもしれないので、そういう作業が面倒でない読者の皆さんは一度、試してみてはいかがだろうか。

意外に「この投手は、ＭＡＸは１５０キロだけど、平均は１４０キロ前半しかない」とか、「ピンチになれば、かなり球速が落ちるよな」というスポーツ新聞やテレビでは見えない傾向が見えてくるだろう。

球場によってスピードガン表示の誤差はある。ファンの間ではすでにさまざまな情報が錯綜《さくそう》しているようだが、速く出る球場と、遅く出る球場が確かに存在する。私たちは、球場の数字にだまされて、その投手の調子を見間違わないように、オープン戦期間中は自分たちのスピードガンをネット裏に持ち込んで球場で表示される数値との誤差をチェックしておいた。球場ごとに、プラス3、マイナス3と正確な数値を割り出せるようにしておいたのである。

高目のボールが、3キロほど速く表示されたのが、昔の広島市民球場。逆に神宮球場は、低目のボールが2、3キロは速く表示される。京セラドームのアウトコースの高目もスピードガンの数値は高く出る。手前みそではなく、最も本来のスピード値に近く正確な数字を出すのが、甲子園のスピードガンである。若干、低目のボールに通常より速い数値が出るくらいの誤差である。

2012年7月には巨人のスコット・マシソンが、横浜スタジアムで160キロを計測した。横浜スタジアムは、そうスピードガンの数値が出る球場ではないので少し驚いた。角度のあるボールや横から出るボールには反応がいいので、その影響なのだろうか。しかし、スピードガンの数値よりも、調査で重要なのは、実際に打者が打席で速いと感じる体感、いわゆるキレのチェックである。私たちは、それを打者の空振りやファウル、凡打の内容などで感じ取るが、2012年のシーズンをチェックしていてスピードがあって「速い」と感じたのは、中日の浅尾拓也《あさおたくや》、日ハムの吉川、ソフトバンクの武田翔太、そして、スピードガンの数値は出ないが、杉内の4人である。単純なスピードガンの数値ではなく、真っ直ぐで、空振りの取れる投手である。

中日のセットアッパー浅尾は、セ・リーグを代表する豪速球投手だ。腕の振りが鋭く全身を使ったフォームは力感に溢《あふ》れる。ストレートで狙って三振を奪える投手である。同じく全力の腕の振りから落差のあるフォークを操り、その精度も高いので、打者はふたつにひとつを絞りづらい。09年からシーズンの半数以上に投げていて、その登板過多から来る疲労が原因なのか、昨季は肩を故障して戦線を離脱した。コンディションさえ戻れば、岩瀬仁紀《いわせひとき》の後釜は、浅尾でいいと考えている。

突如、開眼した日ハムの吉川も速いが、スピード&キレで目に留まったのは、2012年の優秀新人賞として特別表彰されたソフトバンクの高卒ルーキー、武田翔太である。九州のダルビッシュという呼び名に恥じない、188センチの長身から投げ下ろす球には角度があり、ヒジを柔らかく使え、平均144キロから152キロのストレートは、高目で意識的に空振りを取ることができる。縦の大きいカーブに加えて低目にスライダー、チェンジアップを投げる技術もあり、縦の変化と緩急を使える投手。制球力のあるスライダーは、どちらかというと、カーブとスライダーの間くらいの曲がりがあるスラーブと呼んだ方がいいボールで、高目のボールゾーンから入ってきてストライクとなる球種だけに打者からすればとても見極めが難しい。

107ページのスコアシートを見て欲しい。

2012年7月14日のロッテ戦である。根元俊一《ねもとしゅんいち》、今江敏晃《いまえとしあき》を連続の空振り三振に打ち取ったボールは、いずれも123～125キロの高目のスラーブである。ストライクかボールかのギリギリのゾーン。ここが打者にはストライクに見えたのだ。

おそらく性格も大胆なのだろう。ピンチにも動じず配球に偏りが出ることもない。自分の持ち球をピンチにでもすべて駆使することのできるコントロールを持っている。

すべてに全力投球で、当然、コントロールにバラツキはあるのだが、追い込んでからの勝負球は必ず厳しいコースに決めることができている。集中力なのか、素質なの

武田vs根元、今江（2012年7月14日、ソフトバンク対ロッテ）

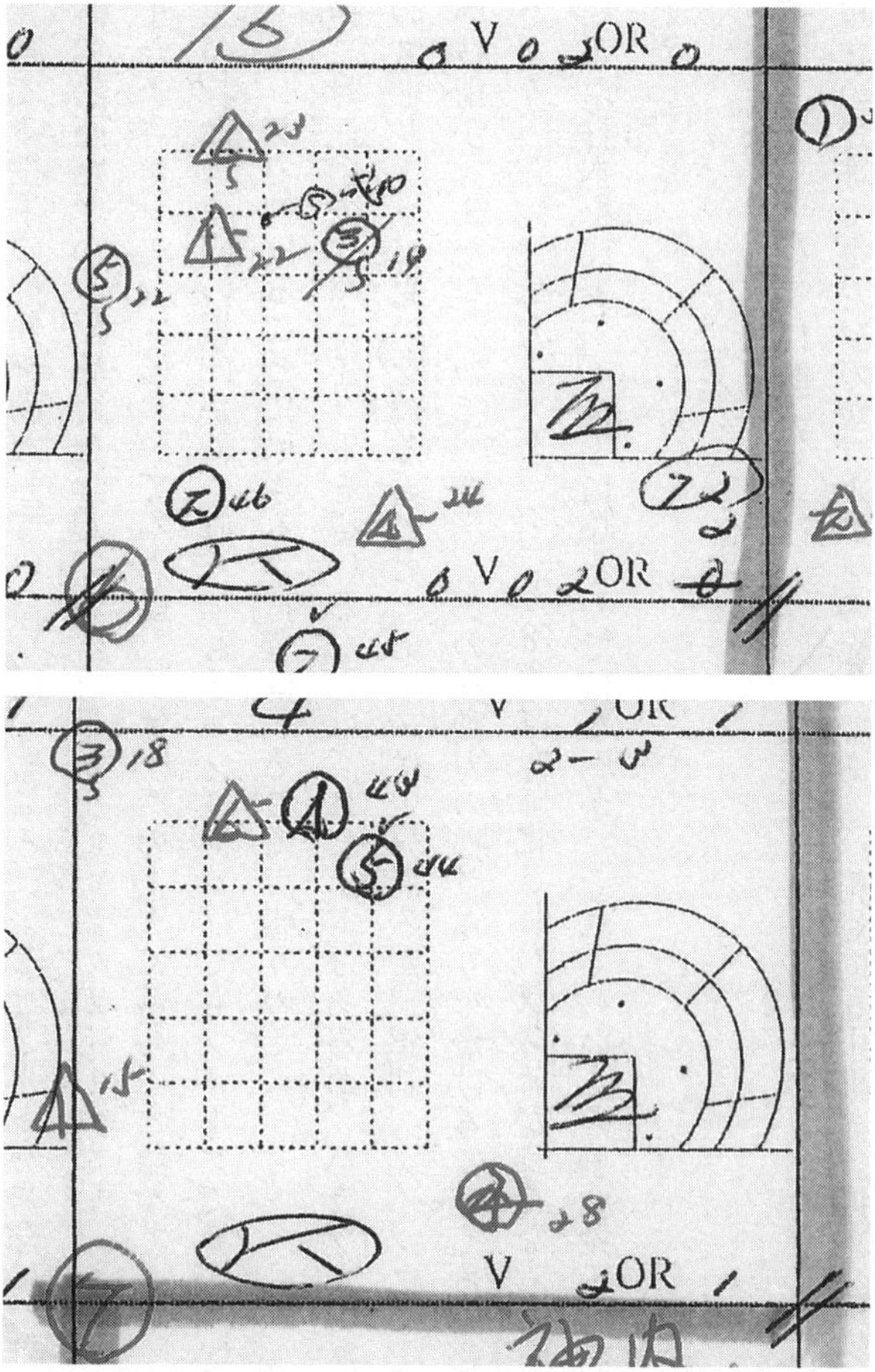

根元、今江と連続三振に打ち取った勝負球は、高目の半分ボール気味の変化球。ほぼ同じコースに投じている

か、勝てる投手の条件を満たしている。聞くところによるとノートを丹念につけるなど研究熱心だとか。配球術を学んでいる成果が出ているのかもしれない。

またチェンジアップについて本人は、フォークのように落ちると語っていた。彼の最大の特徴は、腕の振りが真っ直ぐでもチェンジアップでもフォークでもすべて同じタイミングで投げることに尽きる。打者は、そこに戸惑うのだ。

逆に対武田の攻略ポイントを挙げるならば、スピードはあるが、バラツキのある高目のストレートに狙いを絞ることと、センスは十分あるが、牽制、クイックなどの細かい技術が、まだないので、盗塁などの機動力の揺さぶりをかけることとくらいしかないだろう。今後、体力（スタミナ）と下半身が強化されバランスが良くなると、マー君に並ぶ日本を代表する投手になるのではないか。それくらいこの若い投手を高く評価したい。

最強ストッパーは誰だ？

現在の野球で重要なのがブルペンの充実である。絶対的な中継ぎ──抑えを持っているチームが強い。ひと昔前は、最後に締めるストッパーが重要だったが、岡田監督が、阪神監督時代にウィリアムス、藤川、久保田《くぼた》で3イニングを乗り切る「JFK」を確立して以来、ストッパーにプラスして、強力なセットアッパーを2枚揃えなければ、山あり谷ありのペナントレースは勝てなくなった。

2012年の各チームのブルペンをざっとピックアップしてみる。

【セ・リーグ】

巨人　山口《やまぐち》―マシソン―西村《にしむら》

中日　田島《たじま》、浅尾―岩瀬―山井《やまい》

ヤクルト　日高、山本、押本《おしもと》―バーネット

広島　今村―ミコライオ

阪神　筒井、福原、榎田―藤川

横浜　菊地、藤江、加賀―山口《やまぐち》

【パ・リーグ】

日ハム　宮西―増井―武田久

西武　ウィリアムス、十亀《とがめ》、長田―涌井《わくい》
ソフトバンク　森福《もりふく》―岡島《おかじま》―ファルケンボーグ
楽天　小山、片山、ハウザー―青山《あおやま》
ロッテ　内、大谷、益田《ますだ》―藪田
オリックス　平野―岸田

2012年の陣容を見て、最強ブルペンと呼べるのは、巨人の山口―マシソン―西村。日ハムの宮西―増井―武田久。ソフトバンクの森福―岡島―ファルケンボーグの3チームだろう。オリックスの平野―岸田のコンビには抜群の安定感があったが、チームの勝利に貢献できなかった（今季からは岸田が先発に再転向して解体）。例えば、昨年の巨人のように先発が充実していて7回まで任せることができれば、2枚でいいだろうが、昨年のオリックスのように先発に故障者が続出して、そこが計算できなくなると2枚では足りない。つまり長いシーズンを考えると、左を交えて3枚の信頼できる投手を揃えたチームが、圧倒的に強かったのがよくわかるだろう。

43もの貯金を作った巨人は2点差以内の勝率は41勝24敗の・631でリーグトップ。逃げ切り成功の多さを物語っているが、私は、内海の9個、杉内の8個、ホールトンの4個の合計21個の貯金の意味の方が大きいと考えてる。7回までのゲームを確実に作ったので、残りの2イニングは、山口鉄也《てつや》、マシソン、西村健太朗《けんたろう》の調子や状態を見ながら起用すればよかったわけである。

サウスポー、山口の一番の武器は、変則モーションからの143から148キロのスピードのあるストレートだ。そしてスライダーと、昨季から覚えたシュートを両サイドにきっちりと投げ分けるコントロールを持っている点。113ページの表のチャートを見てもらいたい。ストレート系のほとんどが両サイドに集まっているのがよくわかるだろう。大事な場面では、一番自信のあるボールを中心に組み立てている。一時、先発転向も試されたが、結局、チーム事情で元に戻った。ただ、中継ぎで5年連続して60試合以上投げている（日本記録）疲労の影響は心配である。シーズン終盤には、疲れでキレがなくなりコントロールのバラつきを隠せなかった。

マシソンも150キロを超えるストレートの球威でグイグイと勝負するタイプで、

短いイニングだから結果を出しているにすぎない投手。

西村は、2011年までは、コントロールが悪く中途半端な立場だった。昨季になって適任者不在で押し出されるようにストッパーを任されたが、球の速さと、フォークを軸にシュート・スライダーを持っているので力勝負ができる。球威がある時は、打ち損じてくれるが、コントロールは投げてみないとわからないタイプ。意外とポカ球も多い。1イニングを任すと成功はしているが、全幅の信頼をおけるほどのストッパーにはなれていない。

澤村のストッパー転向構想が浮上したのも原監督が潜在的に不安要素を感じているからではないだろうか。確かに澤村は、ストライクが取れる。球威もある。そこにシリーズで覚えた緩急をプラスできれば、ストッパーとして適任だろう。新人の菅野《すがの》智之《とものゆき》は未知数だが、先発は余るほどいるのだから西村の現状を考えてブルペンを強固にしようと、原監督が贅沢《ぜいたく》な構想を練ったのも理解できる。

むしろ力があったのは、巨人の3枚ではなく日ハムの宮西―増井―武田久のトリオ

山口のある試合での右打者に対する直球の集計分布

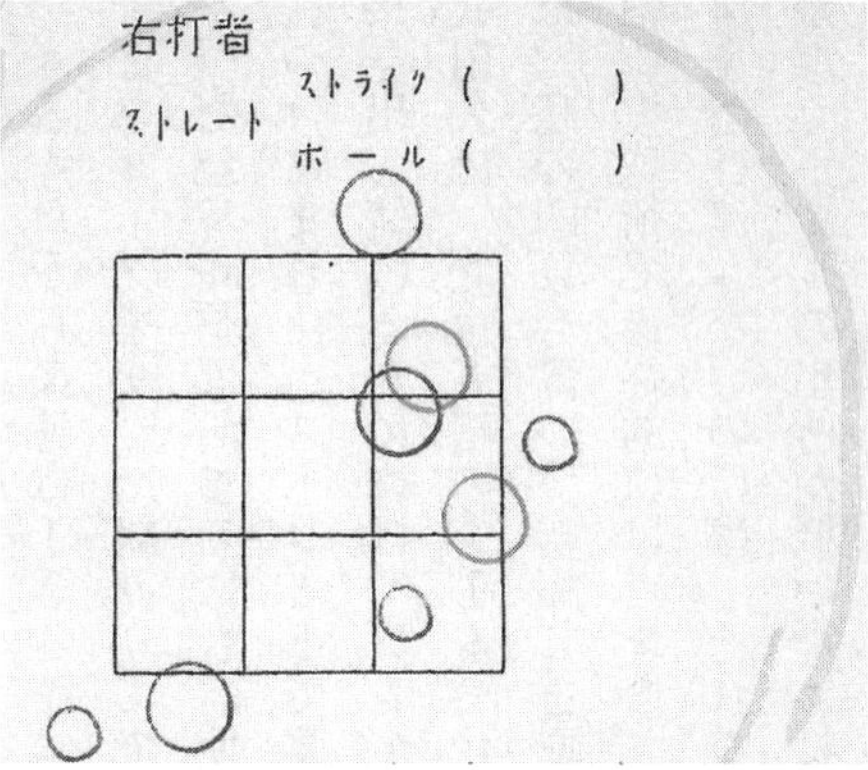

ボールのほとんどをインサイドに集めているが、甘く入ってくる失投が1球もない。
外のボールは覚えたシュートだ

だろう。宮西尚生は、変則気味のサイドからすべてに全力投球する。

球種は、たくさん持っていない。腕を振った140キロから145キロのストレートとスライダーが中心。コントロールはアバウトで打者は狙い球が絞りにくい。特に左打者に対するワンポイントの成功率は特筆もの。度胸があって大胆に攻める。

増井裕俊は、2011年からセットアッパーとして56試合に起用され、防御率1・84を誇った右腕だが、栗山監督は、昨季、武田が故障で抜けた間にはストッパーの代役に指名した。増井は、ストッパー、セットアッパーとして73試合に登板して45ホールド、50ホールドポイントのパ・リーグ記録を作った。

148キロから最速は154キロも出すストレートを中心にした力投派で、スライダーとフォークを交えた組み立てで空振りを取れるからストッパーの条件を満たしている。ただ、昨季はあまりにも酷使されて球威が落ちた時に、コントロールの不安定さにつけこまれた。ストレートで勝負できる期間は何年も続かないのだ。今後、長く結果を出し続けるためには、コントロールのレベルアップが課題だろう。

武田久は、北京五輪のチームの代表候補には選ばれたが最終的なメンバーからは漏れた。私の印象も薄い。空振りを取れるボールがないのだが、走者を出しながらも粘り強い投球術で最終的には点を渡さないというタイプだ。長きにわたってストッパーの座を明け渡さないのには、それなりの理由がある。リリースポイントが特異だ。上背がなくボールの出所が低いため打者の目線がぶれ体感スピードが増す。そしてキレと制球力。打ち気を誘いながら高目のゾーンを絶妙に使う。しかし、長年の勤続疲労は隠せない。昨季も開幕から大きく出遅れた。シーズンを通じてキレがいい状態をキープすることは、そろそろ難しくなるのかもしれない。増井のリバウンドも心配だから、彼に武田の代役としての期待もそうはできないだろう。そう考えると、宮西—増井—武田久は、鉄壁の方程式であったが、先発の吉川同様、いつ崩壊するかわからない危険をはらんでいる。もしもの場合の大胆な配置転換を栗山監督は、考えて置いた方がいいのかもしれない。

ソフトバンクも、森福允彦《まさひこ》、ファルケンボーグ、岡島秀樹《ひでき》らでうまくやりくりをしていた。プロ野球の世界には〝打てそうで打てない〟という摩訶不思議な投手が稀《まれ》に存在する。左腕のセットアッパー、森福允彦が、まさにそれ。なぜか打ち損じるのだ。

背中を少し見せるような体勢から腕を隠しながら独特のリズムで投げ込んでくる変則のサイドスロー。左打者は背後からボールがやってくるイメージで、間違いなくボールの出所が見にくいだろう。ストレートは130～136キロと速くないが、両サイドの投げ分けと同じ腕の振りからのスライダーが持ち球だ。決してコントロールは良くない。それでも、その変則フォームとボールのキレに打者はタイミングを狂わされ、ストレートに振り遅れ、スライダーに空振りするチャート図が多い。

ただ、彼も、また登板過多の影響が出ているのだろうか。昨年も30試合に登板。クライマックスシリーズでは、調子を落としていたのが気掛かりである。２０１３年は、岡島秀樹が再びメジャーへ戻ったが、逆にメジャー帰りの五十嵐《いがらし》亮太《りようた》が入団して、新ストッパー候補として名前が挙がっている。

ヤクルトと広島のブルペンの布陣は似通っている。押本―バーネットも今村―ミコライオも、いずれも球威を武器にした力で抑えるブルペンであることだ。

押本健彦《たけひこ》のストレートも１５０キロを超えてくるし、今村猛《いまむらたけし》の、それも１４０から１４８キロと素晴らしい。そしてバーネット、ミコライオの二人の外国人も、スピードボールにプラスして同じようにツーシーム、カットという小さな横の変化で勝負している。

ヤクルトは、先発でなかなか独り立ちできなかった増渕竜義《ますぶちたつよし》が中継ぎで使われたことで緩急を上手く使えなかったというこれまでの欠陥が、目立たなくなった。

広島は、前年度に35セーブを挙げていたサファテが、ヘルニアの影響で力を発揮できずに途中から代役にミコライオを指名するなどバタバタしたが、今村—ミコライオの体制で固まった。しかし、彼らは、いずれも同じような欠点を抱えている。球威でアバウトなコントロールをカバーできている間はいいが、調子に波が出るとコントロールミスのボールが命取りになるという部分だ。

バーネットもスピードが落ちてきた時の高目の失投を痛打されるケースがある。私が敵チームのスコアラーならば「低目をすべて捨てて高目だけに絞れ！」と指示するだろう。

押本も今村も、さらにレベルアップするためには、せめて70％以上のコントロール精度を身に付けて欲しい。

優勝した落合竜と2位に終わった高木竜の違いについては、前章で詳しく書いたが球界を代表する無敵のストッパーだった岩瀬には限界が来ている。

岩瀬が無敵だったのはスライダーの落差とコントロールである。大きな曲がりではないが、全盛期には打者が「打席で消えてしまう」とぼやくほどの消えるスライダーである。今年は故障があって万全ではなかったせいか、スピードガンの数字は出ていても、スライダーは凡庸だった。リリーフ陣は、全試合ベンチに入る。毎日、どこかで肩で作る。その蓄積されていく疲労に加えて最もプレッシャーのかかった場面で、一番いい球を投げねばならない。特にストッパーは過酷だ。そういう環境の中で、いい状態を続けられるのは、3年がいいとこだろう。阪神でバッテリーコーチを務めた達川光男さんも私と同じ考えで「三宅さん、いい球を続けて投げるのは3年が限界じゃろ」と言っていた。

その意味で岩瀬の左腕は勤続疲労に蝕《むしば》まれているのかもしれない。

権藤投手コーチは、昨季の途中から山井大介《だいすけ》をストッパーに配置転換したが、うまくいかなかった理由は、勝利の方程式にヒビが入ったことに尽きる。権藤さんと高木監督との確執も、浅尾―岩瀬の力が今まで通りならば起こらなかっただろう。

西武は、涌井秀章《ひであき》がシーズン途中に先発からストッパーに回った。2013年には再び先発に戻るらしいが、私は涌井に高いストッパー適性を感じている。集中力と度胸を持っている人。今年1年で感覚をつかんだ。北京五輪のチームで一緒だったが、柔らかい腕の使い方から繰り出される144から149キロのストレートだけでなく、そのコントロールの正確さに驚いた。ストッパーになって全力投球を意識したのか、若干、バラツキは出るようになったが、私は、彼の性格などを考えると先発よりも抑えが向いていると思う。毎試合ベンチ入りしなければならないから夜遊びする時間もなくなるだろう（笑）。カーブ（110〜102キロ）・スライダー（136〜130キロ）・チェンジアップのコントロール精度もよい。

ブルペン編の最後に、我が阪神の不動のストッパーだった藤川について付記しておく。海外FA権利を得た彼は、昨年オフにシカゴ・カブスと総額950万ドルという立派な契約を果たした。元阪神の力をメジャーで存分に発揮して欲しいと心から願っているが、冷静に考えると活躍は厳しいのではないだろうか。全盛期はソフトボールのライジングボールのように浮き上がるストレートを投げていた。まさに火の玉で、バッターに聞くと「捉えたと思って振ったら、10センチ以上離れていた」というのだ。

あの時のボールをもってして、メジャーに挑戦していれば面白かったが、ここ1年は、ボールにそこまでの勢いがなくなってきている。しかも、メジャーのツルツルで縫い目が高く大きな公式球にどう対応するか。フォークも、大魔神やレッドソックスに移籍した上原浩治《うえはらこうじ》ほどは落ちない。ダルビッシュのような低目のコントロールもない。メジャーでは、150キロを超えるストレートに平気で対応されるのは、ダルビッシュを見ていればよくわかる。そう考えると不安材料が多いのだ。

日本のエース　マー君とマエケンの力と頭

ダルビッシュが去ってしまった今、日本を代表する投手は誰か？　と聞かれれば、名実共に、マー君と、マエケンの二人だろう。WBCでも彼らが先発の両輪に指名されたが、誰も異論はなかったはずだ。二人の持ち味は、それぞれ違う。

マー君は、力。

ストレートを軸に力でねじふせる。配球の70％は、そのストレートが占める。フォームはまったく違うが、球筋、球質は、野茂英雄《のもひでお》の全盛期をほうふつさせる。昨季は173イニングを投げて、わずか21個の四球。いかに精度が上がっているかを示す数字だ。

スピード、技術、考え方、勝負カン、闘争心のすべてにおいて超一級品である。

昨季のマー君を見ていて感じたのは、〝勝ち〟を意識しているという部分。これまでは何がなんでも全力投球だったが、今はポイントだけを抑え、〝抜く〟という部分を覚えているような気がする。80％投球術とでも呼ぼうか。分業制が当たり前の近代野球において、彼は、完封、完投というものを少し頭のスミに置いている貴重な投手だ。

変化球は、縦のスライダーとフォーク。いずれも思い切り腕を振るので、これらのボールは極端にスピードが落ちずに球速は140キロを超えてくるものもある。

打者に対する闘争心も申し分がない。

北京五輪では、ダルビッシュの弟分のように行動を共にしていた。ミーティングに遅刻したわけではなかったが、入室時間が先輩選手より遅かったため、それをダルビッシュに注意されていた。そういう野球人としての姿勢はもちろんのこと、キレがあって回転のあるボールを投げるには、どういう感覚でリリースすればいいのか。ボールの握り方はどうすればいいのか。というような細かいピッチングのテクニックまで聞かせてもらっていた。それらを参考にどんどん吸収して、今では、弟分どころか、堂々と独り立ちしている。

「星野監督を舐めているんじゃないか」という、話をチラッと聞かされて、〝勘違い〟を心配はしているが、謙虚さは忘れないで欲しい。

今後の課題はWBCの1次リーグでのブラジル戦でのピッチングに見えた。あれほど神経質になってリズムの持てないマー君の姿を初めて見た。相川亮二《あいかわりょうじ》のサインに何度もクビを振り、おそらくプレッシャーで、制球に気を使うあまり大胆に球威で押し込んでいく自分のスタイルを見失ってしまっていたのだろう。国際試合特有の緊張感だ。ノムさんが監督の時代にクライマックスシリーズという緊張感の中では投げたが、まだ優勝争いという高いボルテージの中で投げた経験がない。彼が、今後一皮剝《む》けるのは、こういう緊張感の中で〝勝つ味〟を覚えていくことだろう。すべてを数字、根拠で判断してきたスコアラーの立場で根性論を語ると笑われるかもしれないが、私の経験から言っても、優勝争い、優勝という舞台は、投手を大きく育てることは間違いない。自信という名のメンタルと野球というものは切っても切れない関係にある。

広島の前田健太は、キレとワザ。

マエケンの長所は三振を取れるボールを3種類持っていることと、両サイドの投げ分けができるクレバーさ。エースの名にふさわしい。

スピードとキレの良いストレートを軸にスライダー系も小さく変化させるカットボールから落差の大きいスラーブまで3種類ある。そしてシュート、チェンジアップにフォークという落ちる球。マエケンの強味は、スライダー、フォーク、チェンジアップと空振りの取れる球種を3種類持っていることである。

闘争心もあって強気の内角攻めをすることができる。両サイドに緩急の使い方が非常に上手く投球術に優れている。特にピンチでのコントロールミスが少ない。勝てる投手の条件である。たとえコントロールミスがあってもスピードとキレでカバーできる。

先発、完投もできるからチームに信頼される。

ただ、大量点が入った後、少し気を抜いてポカ球を痛打されることがある。「3年200回以上」を投げている。本人は気がつかないが、かなりの疲労蓄積が後半戦にはあるはず。オフのケアが必須だろう。

彼は頭がいい。データを重要視しているのがわかる。それを象徴しているのが、チームによってガラッと配球を変えていることだ。どういうチームが相手でも自分のスタイルを守る投手もいれば、マエケンのような柔軟性を持った臨機応変な投手もいる。

例えば対阪神の時は、対巨人に比べて極端に球種が少なくなる。

右打者に関しては、アウトコースを軸とした出入りで料理している。新井兄弟は、アウトコースで勝負しておけば安全パイ。小さな選手は外が届かない。阪神OBとして恥ずかしいが、対阪神打線への攻略を「外を攻めておけば怖くない！」と考えているのだろう。

対左打者に対しては、高目のストレートをうまく使っている。そして篠元のスライダーとチェンジアップを織り交ぜているだけ。特にブラゼルには高目を有効に使っていた。右にも左にも、そんなに球種はいらないのだ。

だが、対巨人の配球となるとコロッと変わる。選手によって高低の緩急と横の緩急を見事に投げ分けて、低目の凡退ゾーンに落とすボールもフォーク、チェンジアップと球種の違いを駆使しながら相手に的を絞らせないようにと頭を使っている。おそらく洞察力と記憶力が相当いいのではないだろうか。しかも、一人、一人を全力で潰していくのではなく打線を線にせず点で切るという長いイニングで考えたピッチングマネジメントもできているように見える。こういうエースを持っている広島は連敗の心配がなく、計画を立てやすい。チームの勝利に貢献するエースとは前田のような投手を言うのだろう。

日ハムの新エース　吉川光夫の光と影

日ハムの吉川光夫は、2012年に突然、大ブレイクを果たした。広島・広陵高校時代に甲子園出場経験はなかったが、楽天、田中将大の外れ1位。これまでも潜在能力は高く評価されていたが、コントロールの不安が解消できずに5年間にわたって低迷して、わずか6勝、ここ3年は勝ち星がなかった。だが、栗山監督が「いい球を持っているんだからフォアボールを怖がるな」と、安心感を持たせ、チャンスを与えたことで、突如、6年目にして見違えるほどの変身を遂げた。

ボールが速いが、コントロールが悪いという投手が結果を出せない理由の多くが、メンタル面である。制球を気にするあまり、ついつい腕が縮まって、さらにコントロールが悪くなり、余計、四球を怖がってストライクを取りにいくと痛打を浴びる。自分の長所を消して、どんどんマイナスの迷路にはまっていくのだ。

私は、阪神でもせっかくの能力を出せないままチームを去って行った投手をたくさん見てきた。〝マイク〟と呼ばれた仲田幸司《なかだこうじ》がそうだった。吉川と同じく左腕。とんでもないスピードボールを持っていて、はまった試合では、年一で完封したりするが、ノーコンで、それが続かない。期待され、故・村山実《むらやまみのる》監督は、仲田を開幕投手に指名したりもしたが、裏切りが続いた。しかし、大石清《おおいしきよし》投手コーチと、ヤクルト、西武の元監督、広岡達朗《ひろおかたつろう》さんという2人の指導者と出逢い、変革のきっかけを手にした。

「おまえの球なら全力でなくとも8分でバランスよく投げれば十分通用する！」と洗脳して、毎朝、遠征先でも、ネットに向かって至近距離からフォームバランスだけを意識して投げるネットピッチングを続けさせ、コントロールに自信の持てるスライダーという球種を覚えさせた。すると、入団8年目の1992年に14勝12敗、最多奪三振タイトルも取ってブレイク。潜在能力を持った人間が開花するきっかけは、自信に尽きる。何かのきっかけでメンタルが覚醒すれば、マイクや吉川のようなことが起きる。

吉川も、今までは制球難からコースを狙いすぎて自分の長所を殺していたが、栗山監督の指導に安心感を得たのか、途端に腕が振れるようになって、潜在的に持っていたスピードとキレを取り戻した。

ストレートは最速が152キロ。平均して147キロは出ていた。少々、コントロールが甘くなっても打者は空振りをする、もしくは打ち損じる。特に高目のボール球に食いついてくるケースが目立つが、おそらく打者はストライクに見えるのだろう。状態のいい時は、その高目だけでなくともストライクゾーンでも空振りを取っていた。藤川球児が、絶頂期に投げていたようなライジングボールである。

カーブはほとんど使わないが、ストレートのスピードと同じ腕の振りでスライダーを投げられるから打者が絞りきれない。右打者にはチェンジアップを使い、配球は単調。だが、ピンチでもパターンは変わらない。自信の裏返しだ。

左腕は牽制の上手い下手がハッキリ分かれると書いたが、吉川は牽制も絶妙でクイックのタイムは1・1秒台。非常に速い。これだと走者は動くのに苦労する。しかもセットでもコントロールもスピードも落ちない。一流の投手の証だ。

しかし、吉川はシーズン終盤には別人のようになった。おそらくヒジを痛めてしまった影響と疲れだろう。終盤になるにつれて悪くなり特に日本シリーズでは、スピードとキレがまったくなかった。シーズン中にはストレートで空振りを奪えていたが、日本シリーズで巨人のバッターは、ほとんど空振りをしていない。ストレートで力勝負している投手が、シーズンを通してコンディションを維持することは大変なのだ。

また左打者に対してインサイドが使えないことも吉川のウイークポイントである。ストレート、カーブ、スライダーの3つの球種で攻めているが、外一辺倒でまったくインサイドを使えていない。右打者に対してはクロスにインサイドを攻めることができているが、なぜか左打者には使えない。

内角は、打者にとって意識せざるを得ないボール。そのインサイドのボールがないから投球に幅がなく配球を読みやすくなって狙われる。2試合続けてノックアウトされた日本シリーズでの投球は、特にそうだった。真っ直ぐとカーブとスライダーが、ほとんど外なので一緒のタイミングで打てる。インサイドがないから読まれるのだ。

日本シリーズで、吉川は第1戦、第5戦のポイントになるゲームに先発した。もし球威とキレで空振りを奪えるベストの状態をキープしていて、ひとつでも勝てていたら展開は大きく変わっていただろう。さらに心配なのが、2013年度シーズンである。吉川は、どれだけ肩やヒジの疲労の回復ができているのだろうか。日ハムファンにしてみれば嫌な予想かもしれないが、私は、吉川は、今季2年目のジンクスに陥る可能性の高い投手だと見ている。

ノムさんの考える野球が継承されたヤクルトの安定感

ヤクルトの安定感は、その投手力に比例していると思う。昨季は、館山昌平《たてやましょうへい》、石川雅規《いしかわまさのり》、ロマン、赤川克紀《あかがわかつき》、村中恭兵《むらなかきょうへい》と、12球団で最多の5人が規定投球回数をクリアしている。ノムさんが根付かせた「考える野球」が脈々と継承されているので、故障というようなアクシデントがない限り、投手は研究されて壁にぶつかるというケースが少ない。コンスタントに成績を上げることができている。5割をキープしながら打線は外国人を中心としたチームで勢いがあれば、Aクラス入りも不可能ではない。地味だが他球団にとって嫌な存在感を小川監督になって維持している。

エースの館山は、2008年以降、毎年、10勝以上の成績を上げている。重いボール。独特のフォームから内、外と両サイドを投げわけて、スライダー、フォーク、シンカーの精度が高い。右肩に不安を持ちながら150キロ近いストレートでインサイドを攻めることができるのが強みだ。

もう一人の軸である左腕の石川は、館山と対照的な緩急を基本とした技巧派。データを元に配球の裏を読み、打者を細かく洞察しながらタイミングを外してアウトを稼ぐベテランらしい投球術を持っている。しかし、打者からは、怖い球、嫌がる球が少ない。投げ損じた甘いボールは命取りになる。これが27試合8勝11敗、防御率が３・６０という成績に表れていると思う。

左腕の村中は、最速が１５０キロ近いストレートが魅力だ。しかし、彼も10球中５球くらいしか思ったところにボールがいかない。不調だとマイナス５キロ以上スピードがなくなり、しかもカウントを悪くしてストライクを取りに行く球は、打者が打ちごろのコースに行ってしまう。10勝すれば10敗する典型的な投手。

小川監督も、そのあたりのメンタル面の弱さがわかっていて、今季から村中を主将に指名した。コントロールは自信の裏返しでもあるから精神的な脱却を願っているのだろう。ヤクルトは、石川、村中が貯金を作れる精度を高めない限り、勝率５割を守る安定感はあっても、その壁を超えた優勝争いとなると難しい。

ベテラン投手の限界

中年の星と呼ばれている中日の山本昌は、今季で48歳となる。プロ30年目。頭が下がるほど驚異的に息の長い投手だ。人並み外れた頑丈な肉体と、あのピッチングスタイルが功を奏している。リスペクトすべき投手である。

ストレートは驚くべきことに以前よりも速くなっている。しかし裏腹にシンカーの落ちが悪くなった。コントロールもよくない。山本の特徴は大きなカーブと右打者の外に沈むスクリューボール(シンカー)を意識させておいて、角度のある真っ直ぐをインコースへドンと持ってくるピッチングスタイルだった。だからストレートが130キロ台前半でも速く感じた。下半身が強く、独特のフォームから繰り出されるボールにバッターはタイミングを狂わされる。それらの個性が山本昌をこの世界の一線で長く活躍させてきたのだ。

しかし、昨季あたりから球持ちが悪くなってきている。下半身の粘りがないためなのか。ボールが速くなっても、それでは逆効果。バッターからすれば、嫌な部分がなくなってきた。ベテランには頑張ってもらいたいが、現実問題として見れば、限界と背中合わせだろう。

同じく中日の38歳、川上憲伸《かわかみけんしん》も、ボールにキレがなくなっている。本来はカットと変化が鋭いスライダー、そこにえげつないシュートという両サイドを大きく使うピッチングが川上の〝らしさ〟だったが、それができなくなっている。その理由は、コントロールのアバウトさとボールのキレの低下。それを本人も自覚しているから変化球でかわすピッチングに変わってきている。そうなると、コントロールミスがあると一気につかまりやすい。

阪神で言えば、35歳になった安藤優也《あんどうゆうや》が苦しんでいる。先発再転向後、結果が出ない。彼の元々の生命線は、外のストレートとスライダーの出し入れだった。全盛期には矢野が外に構えたミットが微動だにしなかった。球持ちも非常によかった。だが、シュートを覚えてからおかしくなった。シュートが失投となって真ん中に甘く入り、そのボールを仕留められている。安藤は完璧主義者だから、なおさら、こういうミスが起きる。本人はスピードを戻すことに主眼を置いているのかもしれないが、私はスピードが落ちたことよりも、コントロールが悪くなったことが結果の出ない原因だと思っている。

そもそも、シュートとスライダーでは、まったく腕の振り方が違う。ストレートとボールの握りだけを変えて変化させるツーシームならば技術はいらないから得意の外のボールへの悪影響はない。腕の軌道を変えずに済む。もし私が、現役のスコアラーならば、「シュートではなくツーシームを使ってインコースのコントロールを付けてみれば」とアドバイスするだろう。本人はコントロールを復活のテーマにしているという話を伝え聞いた。課題は間違っていないと思うが、そのアウトプットの仕方を指導者が教えてあげなければならないだろう。

2012年のルーキー診断

2012年度の新人王は、セ・リーグが広島の野村祐輔《のむらゆうすけ》、パ・リーグは千葉ロッテの益田直也《なおや》が獲得した。武田翔太も優秀新人賞として特別表彰された。セ・リーグでは中日の田島慎二《しんじ》、巨人の高木京介《たかぎきょうすけ》、宮國、パでは、釜田佳直《かまたよしなお》、美馬学《みままなぶ》ら素晴らしい投手が次々に出てきた。野手でも広島の堂林《どうばやし》翔太《しょうた》、オリックスの川端崇義《かわばたたかよし》らが、しっかりとスタメンの座を手にした。そういう話題の新戦力が活躍できるかどうかも、ファンにとっては注目の部分である。

ロッテのセットアッパー、益田は、関西国際大という聞き慣れぬ大学からのドラフト4位入団。当初の期待度では、東洋大から1位指名された左腕、藤岡貴裕《ふじおかたかひろ》に劣ったが、開幕から1軍ベンチに入り、シーズンのちょうど半分にあたる72試合も投げて、41ホールドの新人最多登板記録と、新人最多ホールド記録を塗り替えた。

テイクバックはサイドスローのように半身で入って相手に背中を少し見せるほどタメるがリリースはオーバースローという変則フォームである。一種のトルネード投法か。彼にとって、そのフォームが身体の使い方として無理がなく、72試合も投げることのできる強靭さにつながっていると思う。また、その独特のフォームが打者にとっては非常にタイミングが取りづらいのかもしれない。ストレートは、142から150キロは出ていて、高目のストライクゾーンを使って空振りが取れる。スライダー、ツーシーム、シュートに加え、落ちるボールを持っている。私は、それをシンカーだと見ているのだが、内角攻めもできている。

せっかく追い込みながらも肝心の勝負球が甘くなって痛打されることがあるが、その場合はストレートよりも変化球を打たれる傾向が強い。おそらく彼の変則フォームは、打者にとってはストレートのタイミングでなく変化球のそれに合うのだろう。本人が自覚しているかどうかはわからないが、時折、そういうタイプのピッチャーがいるのだ。昨季の疲労の回復具合が心配ではあるが、変化球の低目のコントロールの精度を上げていけば、まだまだ伸びる可能性を持った投手である。

同じく新人の藤岡は、大学NO．1の即戦力投手として期待され、開幕からローテーションを勝ち取り、あれよあれよと、4月だけで3勝した。4つ目を勝って交流戦の前後からプロの壁にぶつかった。配球が読まれやすく結果が出なくなってファームで調整。左肩痛なども影響して150キロ近くのスピードボールがなくなった。コントロールを気にしすぎたのか。それとも長丁場の疲労か。

5勝目までに115日ものブランクを作った。

開幕当初はストレートも150キロを超えていたが、シーズン終盤の試合では、スピードだけでは勝てないと考えたのか、ゆったりしたフォームからストレートは136キロから146キロに抑えられていた。両サイドの投げ分け、特に右打者の内角に食い込んでくる球には角度があった。インコースのボールに対しての見送り、振り遅れが多いのはキレがある証拠だろう。

変化球は縦の大きなカーブに両サイドに投げ分けるスライダー。どの球にも制球力があり、四球で大きく崩れる不安のない投手である。テンポがいいので守っている野手にもリズムが生まれ、それが打線の奮起へ波及効果をもたらしている。

私は藤岡の今季の活躍予想に二重丸をつけたい。ストライクゾーンだけの勝負から脱皮して、打者に意識をさせる球種やコースの攻め方に工夫をすれば、昨季後半に復活していたキレのある球質がさらに生きると思う。

セの新人王、広島の広陵高校—明治大を経てドラフト1位で入団した野村祐輔は、夏以降は勝ち星に恵まれず9勝11敗と負け越したが、防御率1・98は、立派な数字だ。フォームが安定していて投球術が出来上がっている。コントロールが安定していて逆球が少ない。持ち球はストレート、カーブ、スライダー、カット、チェンジアップ。どの球でも勝負できる。

初球の入り方にも工夫の跡が見える。若くして配球の基本を知っているのだろう。ポテンシャルからすれば、1年前に早稲田大より入団したハンカチ世代の福井優也《ふくいゆうや》よりも上だろう。しかし、フォームが綺麗で威圧感がないことは、打者からすれば怖さがない。その克服には嫌がられるような内角球をもっと使いたい。また得意球種を磨き、配球を研究していく必要があるだろう。

特別表彰を受けたソフトバンクの武田翔太については別章で詳しく解説したので省くが、他にも気になった新人が何人かいた。浅尾―岩瀬が故障などで機能しなかった中日において、セットアッパーとして30ホールドを記録した田島慎二の存在は光った。愛知大学連盟の東海学園大出身。高校時代に甲子園出場はないが、名古屋地区の中部第一高校時代から、中日のスカウトが地元密着型の調査を続けて追い続けてきたのだろう。

中日のスカウトに言わせると、「入団してから伸びる選手が多い」のだそうだが、彼らは、何か投手のダイヤモンド素材を見つけてくるノウハウを持っているようだ。田島の一番の武器は、全力投球のストレート。空振りが奪える最速151キロのボールは魅力だ。

速球派投手の宿命としてコントロールは投げてみないとわからない不安定さがある。それでも球威があるから、多少、甘いコースに行っても打ち損じてくれたりファウルになったりしている。長距離打者に対しては、そういうストレートのポカ球の自覚があるのだろう。クリーンナップには用心してフォークを多投する配球傾向が見られる（もちろん谷繁元信《たにしげもとのぶ》のリードだろうが）。

フォーク（ツーシーム）とカウント球にスライダーを組み合わせる配球を見る限り、先発で長い回を投げるよりもショートリリーフ向きなのかもしれない。権藤投手コーチが、そのあたりの適性をよく見て配置したと思う。ただ、狙って三振を奪うためにも、もう少しコントロールの精度がほしい。

西武の変則のサイドハンド、十亀剣《けん》もユニークだ。ストレートの力は目を引いた。日大―JR東日本を経て2011年にドラフト1位指名された25歳だが、そのストレートは144キロから147キロ。下半身に粘りがあって、腕を巻き込むような独特のフォームで球持ちがいい。腕を思い切り、しっかりと振るので騙されてフォークやシンカーなどに手が出る。ただ、勝負どころでのコントロールの甘さが気になる。牧《まき》田和久《たかずひさ》という最高のお手本が近くにいるのだから勉強すべきだ。こういうサイド気味の変則スタイルの投手には必ず食い込むインサイドのボールと対左打者への沈むフォークやシンカーの精度を磨くことが必須になる。どちらかと言えば先発で大きく育って欲しい。

日ハムの大谷翔平が成功する方法

私は、阪神のスコアラー時代に、たくさんの新人選手を見てきた。そのすべての選手が、アマチュア時代に羨望の眼差しで周囲から見られてきた選手たちである。速いボールを投げる。遠くへボールを飛ばす。抜群の運動神経を持ち、その素質や才能は間違いない。しかし、アマチュア時代の活躍で「プロで続けて活躍できる」と過信していた選手が、プロと一緒に練習して、その技術の差に自信を失い活躍できないまま球界を去っていくケースが大半である。私は、プロで失敗する選手を以下のように定義していた。

①向かっていく勇気がなく精神的に脆《もろ》い。気が弱い。
②困難に負けてしまう。他の選手と自分を比べてあきらめ、根気がない。チャンスをつかもうという気持ちを持てずに現状を打破できない。
③コーチの教えすぎ、あるいは頼りすぎで自分を見失ってしまう。逆に言えばコーチをうまく利用できない。
④長所・欠点を知った上で目的を持って毎日、1球1球に取り組む姿勢がない。
⑤ひとつの球種のコントロール精度がないのに、他の球種を投げたがる。難しい球種にチャレンジして、うまくいかなかったらすぐに止めてしまう。
⑥今までの名声・記録が忘れられない。昔の夢から脱皮できない。
⑦持ちなれない大金とファン、ストレスから逃れるため酒と女に溺《おぼ》れる。
⑧環境に慣れてしまう。

⑨怪我に弱い。故障が多い。
⑩自分の殻から脱皮できない。変わる勇気が持てない。

2013年も多くの期待の新人がプロの世界に入ってきた。日ハムの大谷翔平と阪神の藤浪晋太郎《ふじなみしんたろう》が注目度では一番だろう。大谷は、当初、メジャー志望を表明していたが、日ハムが「一番いい選手を獲得に行く」というフロントのドラフト戦略で強行指名をした。その日ハムのやり方は正しいと思うし、苦悩した末、日ハムを選んだ大谷の選択も正解だったと思う。私は、北京五輪のスコアラーの時、全米の春季キャンプをメジャーからマイナーまで回ってきたが、そこでの練習内容を見る限り、若いうちからアメリカには行かない方がいいという考えを持つに至った。

自主性を重んじて練習時間も短い。ゲーム中心の実戦重視はいいけれど、プロでやる基礎技術が未完成の高卒ルーキーが、そういう環境に放り込まれると、伸びるものも伸びなくなるのではないか。日ハムはダルビッシュ有もそうだったが、海外FAを獲得する前にもポスティングでメジャー移籍を容認してくれる球団なのだから日ハムで結果を出して力をつけてから行かせてもらえばいいだろう。

春季キャンプでは二刀流に取り組んでいる姿にある意味、新鮮な衝撃を受けた。

私は25年のスコアラー人生で、二刀流に挑戦したプロ野球選手を見たことがなかった。それだけの才能を持ったプレーヤーがいなかったということだろう。ホームランも打てる、MAX160キロも投げるというアスリートなど、長年プロ野球を見ているが、聞いたことがない。しかし、プロの練習は、案外キメが細かく内容が濃い。このまま続けると潰れてしまうのではないかと危惧を持つ。本書の締切段階では結論は出ていないが、早い段階で二刀流は止めて進む道を一本に決めた方がいいと思う。

私は、現在、岡山商科大の大学生を教えているが、高校時代に金属バットに慣れたバッティングをしていると、どうしても上体だけに頼って下半身が使えない。しかし、大谷選手のバッティングは、素直に下半身が使えていて柔らかい。金属バットの弊害がこれだけ見えない打者も珍しい。それと打球の角度がいい。おそらくボールに対するバットの入り方がいいのだろう。すぐ一軍で使いたいならばピッチャーだろうが、中田翔を育てたスタイルで時間をかけて野手として大きく育てることにも魅力は感じる。

糸井をスンナリとトレードで放出した裏には、大谷の野手転向を見越したものであったと推測するのは考え過ぎだろうか。

即戦力という意味では、1年浪人して憧れの巨人に入った原監督の甥っ子、菅野智之(東海大)、ソフトバンクに入った東浜巨《ひがしはまなお》(亜細亜大)らが楽しみである。

楽天の星野監督が「三宅さん、ドラフトでは一番欲しかった左腕が取れた。将来は、田中のような球界を代表する左腕になるよ。案外、夏以降くらいに出てくるかもしれん。ヒジがしなるように使えて昔の今中慎二《いまなかしんじ》(元中日)のようなんだ」と、大絶賛していた東福岡高校出のドラフト1位の左腕、森雄大《もりゆうだい》にも注目している。甲子園出場経験はないが、広島と競合したほどの逸材。投手の目利きには定評のある仙さんの秘蔵っ子だけに一軍マウンドに上がってくる日が楽しみである。

読者の皆さんも、前記の条件に、どの投手があてはまっているのかを見ながら今季の新人選手をチェックしていけば、「なるほど」とうなずくものや、「これは違うんじゃないか」というものが出てきて、自分なりに成功する新人の法則というようなものを見つけることもできるのかもしれない。

ハンカチ世代の逆襲はあるか

ハンカチ王子の話は、配球の章で後述するが、過去のドラフト注目選手の、その後も気になる。斎藤佑樹《さいとうゆうき》と早稲田大の同期でドラフトでは6球団が競合した西武の大石達也《おおいしたつや》は伸び悩んでいる。早大時代の大石はストッパー起用されていてストレートは150キロを超え、藤川球児みたいなボールを投げていた。オリックスの岡田監督も大学の後輩を指名したが、「即、ストッパーで通用する」と言っていた。

だが、今ではすっかり、そのボールの面影が消えてしまっている。1年目に痛めた故障の影響だろうか。大石のように柔らかくヒジを上手に使える投手は、ヒジを痛めてしまう可能性が高い。昔、中日で活躍した今中慎二がそうだった。逆にアーム式のピッチングフォームの山本昌のような投手は、痛めないのだが……。ストレートもMAX144、145キロくらいしか出ていない。

例えば昨年の9月28日の日ハム戦では2イニングを投げたが、低目の空振りは1球もなかった。スライダーとフォークを織り交ぜての組み立てだが、打者がタイミングの合わせやすいフォームで、特徴の球のキレもコントロールも打者を牛耳《ぎゅうじ》るほどの威圧感がない。ボールが低く集まるのであれば何とかなるのだろうが、高目にバラツキ、真ん中に集まってくるので始末が悪い。今のままではストッパーで起用するのは難しいだろう。物足りない。

勝負の3年目。球を長く持ってキレとコントロールを取り戻すしかないのだろうが……大改造が必要な投手なのかもしれない。

ハンカチ世代ではないが、その1年前のドラフトで西武に入った菊池雄星《きくちゆうせい》も花巻東高校時代に最速155キロを投げて注目を集めた左腕だ。ドラフトでは6球団が競合。国内だけでなくメジャー8球団からもラブコールを送られていた大物だった。だが、肩の故障で1年目は一軍登板がなく、3年目となる昨年になって夏以降、ローテーションに入れてもらい、8試合に先発して3勝2敗の成績を残した。

ストレートは139から148キロで自信のある変化球は、スライダー（123〜128キロ）。そこに縦の大きいカーブとチェンジアップをミックスさせて組み立てている。まだまだ粗削りでコントロールもスピードもバラつくが、ピンチの時、および、カウントを作ってからの勝負球はコースに決まる。さすがに6球団競合の逸材らしく勝てる投手の条件は揃っている。

年齢的に、まだ技術に走らなくてもいいと思う。成長過程なのだから、もっとバランスよく投げるための下半身強化に力を入れ、腕を振ってスピードとキレをアップさせることに全力投球しなければならないだろう。

新人王の野村に比べて1年前に早稲田大からハンカチ世代としてドラフト1位で広島に入団した福井は、ワンランク落ちる。コントロールがなく怖さがない。

138から145キロのストレートに縦のスライダーとフォークが持ち球だが、ムラがある。勝負球がコースに決まれば好投するが、失投、逆球のオンパレードになることもあって四球から崩れる投手だ。

勝てる投手になるには10球中7球は自分の思い通りになるコントロールを身に付ける必要がある。何も全力投球せずとも、80%の力でもよいから、球離れを遅くしてリリースポイントの安定を心掛けてみればどうだろうか。

牽制とクイック

走者が出るとピッチャーの仕事は増える。走らせないようにする牽制に、盗塁を防ぐためのキャッチャーとの共同作業であるクイックモーション。観戦する側の見るポイントも増えるというわけである。スコアブックには、もちろん、牽制を示すマークを付けておきたい。走者を置いた時のクイックモーションに、どれだけの時間がかかるかは、一人一人1球1球、ストップウォッチで計測した。これも野村監督の指示で行なうようになった。セットポジションに入ってピッチャーが動いたところからストップウォッチを押し、ボールがミットに入るとストップ。その数値を全球取った。つまり、相手投手のクイックモーションの上手いか下手かを時間というデータで明らかにして、そこに基準を設けておいて機動力を仕掛けるのだ。

阪神では「1・30秒」を上手い下手の目安としていた。

ノムさんが阪神に来て全選手に配ったファイル綴《と》じの教則本「ノムラの考え」にはその目安は「1・20秒」としてあったが、「1・30秒」以下の投手は、クイックが上手く、それ以上かかる投手の場合は、盗塁の成功確率がアップする。ノムさんは、「1・40秒」以上かかる投手の場合は無条件で走らせた。

「いくら捕手の肩が強くとも1・40秒以上かかれば間に合わない。盗塁はできる」と、数値を示して指示するから、選手にも説得力がある。

実際、よほどスタートが遅れたり、アクシデントがない限り盗塁は成功した。クイックなどに気を使わない外国人投手は、たくさんいてホールトン、メッセンジャー、グライシンガーらは、1・40秒以上かかっていて、しかも牽制ができない。

今ではマニアの方は、これらの秒数を計測している人もいると聞く。ぜひ、一度、気になる投手のクイックモーションを計ってみてもらいたい。

プロと言えどクイックや牽制の下手な投手もいる。そういう投手はプレートは外すが、ほとんど牽制を投げてはこない。ノムさんからは「そこまで細かく見ておけ」と指令を受けていた。

私たちは、まず牽制を多用するか、少ないかの傾向を出した。自信を持っている投手は、何か作戦が出そう、走ってきそうという匂いを察知すると、3つも4つも牽制を入れてくる。ノムさんは「3球続けて牽制はあっても4つ目はない。だから4つ目でスタートを切れ！」という原則をよく説いていたが、本当に上手い投手は4つしてくるし、谷繁元信や、かつて古田敦也《ふるたあつや》のようなやらしい捕手は、平気で4つ目の牽制を要求した。最初の章で書いたが、鳥谷がWBCの台湾戦で見せた盗塁は、このデータを使ったものである。

巨人の杉内は、ほとんど牽制をやらない。外国人選手も基本的には牽制が苦手だろう。ヤクルトの館山、中日の山内、巨人の澤村もやらない。日ハムの武田勝も少ない。オリックスから日ハムに移籍した木佐貫洋《きさぬきひろし》も下手だ。日ハムの吉川も牽制は少ないがクイックはできる。

逆に非常に牽制のレベルが高いのが広島のマエケン、横浜の三浦大輔《みうらだいすけ》、阪神の能見篤史、楽天のマー君、西武の岸孝之《きしたかゆき》、中日の吉見らだ。特に左腕は、一塁走者の動きを見たまま、打者に対しても投げることができるから、上手い下手がハッキリと分かれる。前に出る、出ないや、軸が動く、動かないでクセが出やすい。阪神で5度盗塁王を獲得した赤星憲広《あかほしのりひろ》は、「左投手は顔が見えるから、その表情で牽制がわかる」と言っていたほど。

意外かもしれないが、広島の元ストッパーの左腕、大野久《おおのひさし》は下手でやろうとしなかった。逆に同じく広島の左腕で、現在巨人の投手コーチの川口和久《かわぐちかずひさ》は上手かった。意図を持って走者を刺すことのできる数少ない投手だった。阪神では、現在、阪神の投手コーチの中西清起《なかにしきよおき》も牽制がうまくて、わざと肩を入れてボークとコールされてもおかしくない灰色牽制をここぞという場面でだけ使って走者を殺しに行っていた。

総体的に言えるのは、アンダースローやサイドハンドの投手には、独特のリズムがあってクセが出やすいということ。頭を下げないとバッターには投げることができない投手が多いので、帽子の縁の動きを見ておくとスタートが切れる。しかし、ＷＢＣ

でストッパー起用された西武の牧田は、例外で、非常にそのあたりを工夫している。彼は頭を下げたとほぼ同時に投げる。クイックは、「1・0秒台」で走者がスタートを切れない。アンダースロー特有の欠点をものの見事にカバーしている。

第4章

配球の謎を解く

配球の原則

投手の配球をチェックして、次のボールを推理する作業は、スコアラー式観戦術のハイライトと言っていいだろう。「次は外へカーブだ！」と、ズバリと言い当てれば気持ちがいい。ここで配球の原則についてノムさんの教えをベースに説明しておこう。

打者との駆け引き、つまり配球においての原則は、以下のふたつに集約されている。

①特定の球が来ると信じ込ませておいて別の球を投げること。

②特定の球を予測している時に、あえて、その球を投げる。但しこの場合、打者の狙っている好きなコースの近くに存在するボールゾーンに誘うこと。

いずれも、打者が狙っている球、待っている球を読み切らねばならない。投手と打者の戦いとは、ストライクゾーンの奪い合いである。打者は自分の打ちやすいストライクゾーンを確保しようとし、投手は、それをさせまいとする。

私は、バッテリーが使う材料、すなわち、敵のバッターに関しては以下の12項目をチェックしていた。その累計をとって傾向を浮き彫りにすることを首脳陣に求められた。

①打者が芯で捉えるコースと球種、凡打するコースと球種。
②選球眼が良いか、悪いか（見極めの上手い球種とコースはどこか？　また下手な球種とコースは？　見送る時の多いカウントやコースはあるか？）。
③前の打席の結果球（前の打席で決め手となったボールのこと。ヒットを打ったのか、打ち取られたのか、空振りしたのか見送ったのか）に応じて、狙い球を絞ってくるか？　何も考えていないか？
④初球から必ず打ってくるか？　見送ってくるか？　試合状況で変わるか？
⑤追い込まれてからの対応力はどうか？　追い込まれてからの傾向はどうか？　ヤマを張るか？　オールマイティに備えるのか？
⑥配球の傾向を読んで狙ってくるか？
⑦内角攻めに効果があるのか？　ないのか？

⑧1打席の結果から固め打ちをする時があるか？
⑨いい当たりのファールをした時、その次に狙い球を変えてくるか？
⑩性格はどうか？
⑪打者の打球方向（球種、カウント、走者の状況に分けての傾向）。
⑫バント、セーフティーが上手いか下手か。ボールを転がす方向。

これらのデータに加え、打席の立つ位置から、その動作のすべてを神経をすり減らしながら緻密にチェックしていくのだ。すると、どう配球すればいいのかの道筋が見えてくる。

配球において初球は重要なボールである。

ノムさんが阪神の監督に就任した時、そのキャンプ中のミーティングで「初球には何を投げるのか？」と問われたことがある。基本中の基本だから、改めて、そう聞かれると一瞬、答えに困った。

「スコアラーはミーティングで初球をどこに何を投げてどうストライクを取るのか。

その根拠を含めて言いなさい！」と教えられたが、それまでの阪神タイガースでは初球の原則を誰にも説かれたこともなく、チーフスコアラーの私もそこまで突き詰めてミーティングをしたことはなかった。

プロでも初球には油断があって、不用意にストライクを取りに行って、やられてしまうケースが少なくない。平均して初球の打率が高いのは、そのせいで、ノムさんは、そのミスを大変、嫌った。

ゆえに初球に何を投げるかの根拠をうるさく追求したのである。

では、その大切な初球に何を選択するか。

ストライクの取り方は、①見送りで取る　②ファウルで取る　③空振りで取るの3種類で、どのボールを選択するかには、さらに次の3パターンがある。

①自分の得意の球　②ストライクの取りやすい球　③投球練習で調子の良かった球。

しかも不用意に入らない慎重さが必要だ。見逃しにはコントロールされた外角低目のストレートや大きなカーブ、相手の打ち気を逆手にとってのデータ上で傾向が出ている「苦手ゾーン」、「凡打ゾーン」に制球されたボールを投じれば空振りや凡打、ファウルにつなげることができるだろう。

ただ、最初の1球ゆえに打者が何を狙っているかを探るボールがない。ボールへの反応から推理することができないのだ。だから0―0のカウントは、投手には不利なカウントで打者が最も打率の良いカウントになるのだ。

それでも過去のデータはある。多くの打者が初球には自分の好きなコースのストレートに狙いを絞っていると考えて良い。いずれにしても初球は思い切った決め打ちをしてくるものと考えておく。打者が初球から変化球を狙うには勇気がいるものだ。カウント0―1にするのは、あくまで原則。コントロールに自信のある投手は1―0を覚悟してボールから入ってくる。「打者の様子を窺う」「次の球を生かしたい」という意図のボールである。特に早打ちの傾向のあるソフトバンクの松田や、日ハムの1、2番、ロッテの角中らの積極的な打者に関しては初球からストライクを投げるのは危険だ。その場合、外角低目の変化球で反応を見るという手がある。

ノムさんは「外角低目の遠目に全力でなくて7、8分の力でストライクをポンと取

吉川vsホワイトセル（2012年8月17日、日ハム対ロッテ）

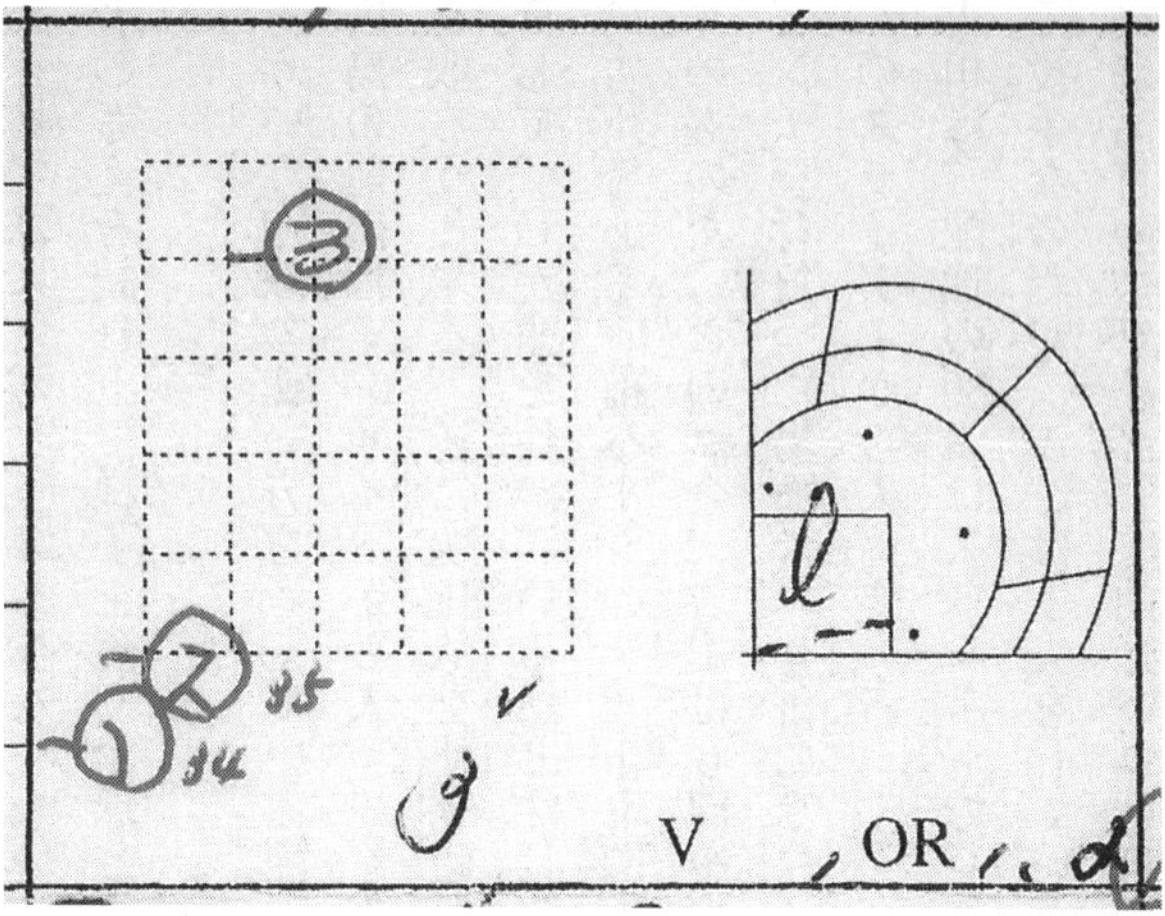

1、2球と続けてボール気味の外角低目スライダーを見せておいて勝負球は高目のスライダー。高低の揺さぶりだ

れるようにしておけ」と、よく言っていた。江《え》夏《なつ》豊《ゆたか》が、そうだった。まずはアウトローにボールを投げ込んでおいて打者の狙いを察知する。その時「左目でボールを見て、右目でバッターを見る」というのが、江夏の極意。なるほど『江夏の21球』でスクイズバントを咄嗟《とっさ》にピッチドアウトできたのもよくわかる。ただ、江夏のようにカウント1―0からのピッチング術をモノにできるのには、よほどのコントロールがなければならないだろう。

思い切って初球から内角を攻め、

それを捨て球にするケースも少なくない。打者は、まだ何の反応も見せていないから打者の考えを読む上で様子を窺う1球とするのだ。

そういう初球の使い方を考えている配球を見せる投手を挙げておこう。

広島の前田はインサイドから入ってくることは少ない。オーソドックスに外の低目から取ろうとする。逆に変化球を使う傾向の多いのが、広島の野村と巨人の内海。

そして、私が頭を使っているなと注目したのが、パ・リーグでブレイクをした日ハムの吉川である。前ページのチャート図は、札幌ドームでのロッテ戦での対ホワイトセルのものだ。この試合、吉川は6回を投げ1失点に抑えたが、一回に一死一、二塁のピンチを背負った場面で、4番のホワイトセルを迎えるにあたって初球には外のボールのスライダーから入っている。

吉川は、配球の80％はストレートで、初球にもほとんどストレートから入る傾向のある投手なのだが、ここは工夫をしていた。続けて外にボール臭い変化球を投げて、最後は高目のスライダーで内野ゴロに打ち取った。さらにピンチが続くが、5番のサブローに対しても、初球は１４９キロの内角を突くボール球から入った。この打席、吉川は全球ストレート勝負。最後は、１４５キロのほぼど真ん中のボールをサブロー は見送っている（三振）。おそらく変化球にヤマを張っていたのだろうが、吉川―鶴《つる》岡《おか》のバッテリーは見事に裏をかいた。ここも初球の内角球が効いた打席である。つまり、それほど初球は打者攻略のポイントとなるボールなのだ。これらを知った上で初球に注目しておけば、野球観戦の魅力が倍増するだろう。

中日のエース　吉見一起が駆使するペアの配球

ノムさんは配球について語る時にしばしば「ペア」「アベック」という用語を使った。

つまり内角高目のストレートの次に外角低目への逃げる変化球、外角高目のストレートの次に真ん中の低目に落とす変化球……というような配球のペアだ。これらのいくつものペアを組み合わせていくことが配球、組み立ての基本になる。

プロではひとつのパターンができてしまうと、必ず狙われ、つけこまれる。若い捕手の中には、知らず知らずのうちに、ストレート、変化球、ストレート、変化球と交互にサインを出す選手もいて、これは典型的な悪い例で我々は「千鳥格子《ちどりごうし》」と呼んでいた。

阪神のミーティングでは、3連戦の初日に先乗りしてきたスコアラーが、前に立ってブリーフィングするシステムになっていた。ノムさんが監督時代に、某スコアラーが、バッテリーミーティングで「全部、対角線で攻めてください！」と、話したことがあった。ノムさんは、激怒を通り越して、あきれかえった。

「おまえのはミーティングとは言わん。三宅！　教えてやっておいてくれ」と。

パターン化の配球術ほどナンセンスなものはないのである。

そして、ノムさんが口を酸っぱく言ったのが、「同じ配球は2回までいいが、3回目は使うな」である。パターン化を嫌ったのである。

このノムさんの言う『ペアの配球』を芸術的に駆使できる代表的な投手が、日本屈指の制球力を持つ中日の吉見一起である。

私は吉見が登板する時、ネット裏にいる中日のチーム付きスコアラーは、口笛でも吹いているのではないかと思っている。それほど彼のコントロールの精度は素晴らしく、ストライクの稼ぎ方から、追い込み方、そして、勝負の仕方まで、配球の教科書のようなピッチングを見せる。絶対に打者に狙いを絞らせない。名捕手、谷繁との共同作業は、まるで詰め将棋のようなピッチングである。

配球のペアが、吉見にはハッキリとあるのだ。

ストレートとスライダー。

ストレートとフォーク。

低目の変化球と高目の速い球。

外角の変化球と内角の速い球。

のペアである。それも寸分のミスもなく、スコアラーが示しているであろう配球チャートにパズルをはめるかのように埋めていく。

谷繁は、吉見のピッチングを受けていて、チェスか詰め将棋でもしているような快感を毎回感じているのかもしれない。

スピードは140キロ台とさほど速くはないが、キレとコントロールを自在に操る。

Gマークを付ける逆球やポカ球がほとんどなく、変化球も腕の振りが変わらないし、どの球種でもストライクが取れる。しかし、昨季はシーズン途中に肩の故障でリタイヤした。多少、吉見のローテーションを動かしても、目の上のたんこぶであった巨人にぶつけようとした高木監督と、長いシーズンを見据えて登板ペースを変えなかった権藤投手コーチとの間では喧嘩の元となった。その肩が100％回復すれば、安定感は球界NO．1だろう。

絶対に負けないエースである。

内角球を使えない斎藤佑樹

配球において最も大切なボールが内角球である。

打者からすれば内角球は、常にぶつけられるという恐怖があり、しかも総じて内角球への対応は難しい。内角球は、投手にとっては最高のウイニングショットであるのと裏腹に少しでもコースが甘くなると長打を浴びるリスクがあり、さらに厳しく攻めようとすると死球を与えることにもなる。この内角ゾーンのせめぎあいが投打の攻防のハイライトである。内角ゾーンを制した者が勝利を手にするのだ。

そこでの両者の攻防は、勇気の試し合いでもある。楽天の星野監督が、「逃げるな！　攻めろ！　攻撃的な投球をしろ！」とハッパをかけるのは、こういう理由である。

内角球を使う時は、目的を持って投げることが重要である。

①勝負球なのか？　②遊び球か？　③ファウルを打たせる目的なのか？　④内角を意識させるための脅し球か？　⑤意表をつくためか？

特にボール球を使い、「打者の反応を見る」、「次の球を生かしたい」、「配球のつながりを持たせたい」という場合は、打者の見逃し方や、タイミングの取り方などを注意深く観察しておかねばならない。

内角球を使えば有効となる場合をまとめると、以下の4項目になる。

①打者が変化球や外角を狙っている時。

②配球が外角一辺倒になって、打者に感づかれている時。「投手の特徴として持ち球

が外角主体である」という投手は内角を攻めるタイミングを考慮しながら使う。

③打者が明らかに流し打ちを狙っている時。

④打者の内角が最大の弱点と判断した時。

プロにドラフトされるくらい大半の投手は能力が高いのに、インサイドに投げることができずに結果が出せない。キャッチャーからサインが出ても投げることのできない選手が多いのだ。読者の皆さんは不思議に思うかもしれないが、プロの打者はインコースに甘く入ったボールを見逃すことはない。「そこに行けばやられてしまうかも」という不安が生まれ、自信が揺らいだだけで、その心理状態は微妙な指先のコントロールを乱す。ピッチングとは、それほど繊細なものなのだ。

インサイドを使えない投手の一人が、日ハムのハンカチ王子、斎藤佑樹だろう。佑ちゃんには、バッターが怖がるボールがない。まったくインサイドを攻めきれていない。コメントやインタビューを見ているとクレバーに感じるし、非常に頭の回転が速く配球術も勉強している人だと思う。しかし内角球を使えない。わかっているのに使えていない。おそらく早大時代に外角にキチッと変化球をコントロールしておけば打たれないという外角中心の配球術を覚えた。それが本能的に染み付いてしまっている。しかも、内角へのコントロールがないから、ストライクゾーンを幅広く使うことができない。技巧派投手は、コントロールと緩急に加えてインサイドがなければカモである。10勝すれば必ず10敗する投手である。

3年目となる今年は勝負の年。本人がインサイドの必要性に気づき、「いつ内側を攻めてくるかわからん！」と敵チームの打者とスコアラー陣に恐怖心を植えつければ、ブレイクする可能性はあると思う。

大胆な意識革命が必要である。

詳しくは、別章で書いているが、同じく、あれほど勝った日ハムの左腕、吉川も実は対左打者に対してはインサイドをまったく使えていない。おそらく、まだ、そこまでのコントロールの自信がないのだろう。インサイドがないと投球に幅がなくなる。投球に幅がないということはつまり相手に配球を読まれやすくなるのである。

巨人・内海哲也のツーシームと内角攻め

それに比べて、2012年にインサイドを使いこなして配球面で大成功したのは巨人の内海哲也である。内海というより阿部の成長したリードのおかげだろう。彼は、昨季からツーシームを使い始めて、それを左打者のインサイドに効果的に使っているのだ。

例えば、昨季の日ハムとの日本シリーズ第1戦で陽の第1打席に対しては、まず初球に膝元にカーブを投げておき、外のツーシームで仕留めた。糸井に対しても2球目に内にツーシームを見せておき、外に踏み込んでいけなくした。シリーズを通じて日ハムのキーマンとも言える糸井のバットが巨人投手陣に封じられたが、私は、この〝シリーズスランプ〟の原因は、内海との対戦で必殺のツーシームで意識させられた内角球を、潜在的に引きずったことが理由だと思っている。対稲葉にも同様のことが言える。去年の内海は、本当に自信を持ってインサイドを攻めていた。

女房役の阿部は、メディアのインタビューに対して「インコースのボールを意識的に使った」と内海に対してのリード面での工夫を説明していたが、それがツーシームだったのだ。内海は、ツーシームを覚えて攻略の難しい投手になった。

これまでは右打者に対しては外のチェンジアップに内のスライダー、カーブにインサイドのストレートだけという組み立てだったので阪神時代に私は、「外は追い込まれるまで捨てておけ！」とミーティングで大胆に指示していた。内のスライダーとストレートに絞っておけばなんとかなったのである。しかし、今は右打者の外を真っ直ぐか、ツーシームで攻めてカウントをどんどん取ってくる。その外を捨てるとインサイドで打つボールがなくなってくる。そうなると内海は余裕を持って攻めてくる。

野球に詳しい読者の方は、もうご存知の通り、ツーシームはボールの縫い目に指をどうかけるかを変えるだけなので、ストレートとほぼ一緒の握りで、同じ腕の振りで投げるボールである。ゆえに癖は出にくい。スピードもストレートと、ほぼ一緒でバッターからすれば判別がつきづらい。なのにストレートのタイミングで打ちに行けば芯を外されるという厄介《やっかい》なボールだ。

今の内海をチームとして攻略することは難しい。スコアラーは、ミーティングで「こっちもあるけれど、あっちもある」というような曖昧《あいまい》な指示することは厳禁である。私ならば「ツーシームと意識せずに、真っ直ぐと思って狙え！」と言うだろう。各自が自分に対しての配球傾向から、どこでカウントを取るか、どこで勝負してくるかを調べて読んで狙うしか内海攻略の手立てはないのである。

阪神タイガースが中日ドラゴンズに勝てない理由

左投手のツーシーム、シュートというボールは内角球として武器に使える。ベテランの再生工場としても有名だったノムさんが、阪神監督時代、投手の再生に関して「覚えろ」と、徹底したのがシュートと内角球である。

内角球はリスクを伴う。内側にボール半分、もしくはひとつ分外して投げるには、高度のコントロールと勇気が求められるのだが、ここでシュートを使えば効果的なのだ。

シュートは「内側にひねるボール」という迷信があって「ヒジを痛めるから」と会得を嫌がる投手が多かった。だが、ノムさんはツーシームの理論と同じでボールの縫い目の指のかけ方ひとつでシュート回転を生み出すことができることを伝えて故障妄想を壊した。それを実践して再生したのが、野手転向を模索していた左腕の遠山《とおやましょう》奬志《じ》だった。腕を少しサイド気味に下げてシュートを覚え、当時、巨人の松井秀喜《まついひでき》キラーのワンポイントリリーフとして存在感を示した。

巨人の中継ぎ左腕の山口も昨季からシュートを覚えている。シュートと認識できないほどのボールで、そう制球力のあるボールでなかったが、これをあると思わせることで配球に幅が出る。今季、このシュートに制球力を付ければ、さらに山口は厄介な存在となるだろう。とにかく左対左ではシュートが大きな武器となるのだ。

中日ドラゴンズの投手も伝統的に内角球を使える。

星野監督が、中日監督時代に「いかんかい！」と徹底した内角攻めを指示して、従わねば罰金を取っていたというような喧嘩野球の伝統が継承されているのだろうか。川上憲伸もインサイドを使うし、上の先輩がそういう配球で成功すれば下も見習う。

我が阪神は、中日ドラゴンズとの相性が悪い。昨季は名古屋ドームで8連敗。優勝した岡田監督の時代でさえ名古屋ドームでは12連敗していた。近年のクライマックスシリーズは、いずれも中日に野望を打ち砕かれている。

阪神が中日に勝てない理由は、ひとつではなく複数の要因が複雑に関係してのものだが、私の推理としては阪神の打者が内角球を意識させられることに、からっきし弱いという傾向と無縁ではないと考えているのだ。

プロローグに書いたが、新井良太だけでなく、兄の新井貴浩《たかひろ》もインサイドを嫌がる。兄弟揃ってインサイドを意識させられた後に、外の変化球で簡単に仕留められるパターン。私が、リード面においては阿部と並んで球界トップと評価しているベテラン捕手の谷繁からすれば、「阪神にはインサイドをコントロールミスさえせずに使えば打たれない」という配球への自信があるのではないだろうか。

インサイドを使える投手としては、セ・リーグでは、ヤクルトの館山を挙げたい。

パ・リーグでは西武のアンダースロー、牧田和久だ。スピードガンでは、最速でも140キロ前半程度しか出ないが、独特のフォームから浮き上がってくるストレートにプラスして内角球を使えるので打席にいる打者は、150キロ以上に感じる。右打者に対して内角高目のボールが残像として焼き付くのだ。アンダースローは、対左打者対策が問題にされるが、牧田は左打者に対しても、その内角高目を攻めることができる。しかも、同じ腕の振りで今度は外角にカーブともスライダーとも見分けのつきにくい抜いたボールを抜群の制球力で決めてくるので、面白いくらいバットがクルクルと回る。対角線の配球の妙である。対左打者に対してはシンカーがあるので、それが高低を揺さぶる武器になっている。非常にタイミングが合わせづらい。

見事にストレートはインサイド、スライダーはアウトサイドに集まっている。WBCで強打のキューバ打線をも封じた牧田の成功はインサイドの使い方に尽きるのだ。

ここで勘違いしてもらっては困るのは、内角球と打者にぶつける危険球とは、まったく違うということ。危険球の問題がよく取り沙汰されるが、投手が、意図的にバッターに当てるということはできるようでできない。

一度、中村勝広監督の時代に、神宮球場で、渡辺伸彦《わたなべのぶひこ》という投手が、味方の主軸がやられたら、やり返すという野球界の暗黙のルールに従って、故障だった古田に代わってマスクをかぶっていた中西親志《なかにしちかし》に2球も、3球も狙うけれど当たらなかったことがある。その前に主軸のラリー・パリッシュに死球を与えていた伏線があったから、ヤクルトはヤクルトで警戒していた。最後は大乱闘に発展。渡辺がヤクルトの小谷正《こたにただ》勝《かつ》投手コーチに追っかけられて、球場を一周回ってベンチに逃げ帰ってきたことがあった。

それほどぶつけることは難しい。ただ、内角球を大胆に使える人は、〝当てる〟という、実はとても高度で難しい行為をいとも簡単にできる（笑）。

昔話で恐縮だが、私が阪神時代に見てきた選手の中で、内角球と〝当てる球〟を使えたのが、中西清起（現、阪神投手コーチ）と小山正明《こやままさあき》さんだろう。私が知る限り、「本当に当てるぞ！」と、意識して当てることができたのは、この2人だけだ。それも大事に至らないように腰から下へバチーンと。中西は、よくバッテリーミーティングで、「こいつに一回当てたりますわ」と、発言して、みんなを笑わせていた。

須藤豊《すどうゆたか》さんが、大洋ホエールズ（現横浜ＤｅＮＡ）の監督時代に、ベンチの選手が中西をヤジっていたことがあった。すると、中西がマウンドから、その選手をジロッと睨んだ。内角球というものは、調子のいいバッターや、軸になる打者に警戒心を持たせるために使うのだが、中西のターゲットになっていた打者は、試合中にうるさく野次っている選手だった。

須藤監督は、中西の性格をよくわかっていて、「お前ら、中西のことヤジるな！」と、逆に注意していた。球種で言えば、ストレートとカーブしかない中西が、ストッパーとして阪神を支えたのは、内角球を使える度胸があったからに他ならない。

小山さんは、プロ野球史上に名が残るほどの制球力の持ち主。「針の穴を通す」という異名は、この人が作った。確か巨人戦で、黒江《くろえ》修《おさむ》だったか、故・土井《どい》正三《しょうぞう》だったかは忘れたが、相手を焦《じ》らしてなかなか打席に入らなかった。今考えればノムさんに教えられた打者の鉄則として、「投手を焦らすためにゆっくりと自分のタイミング（間）を守る」というものがあったが、黒江、土井あたりの巨人Ｖ９時代の巧打者は、そういう鉄則を無意識のうちにやっていたのだろう。

イライラした小山さんが、「早よ、打席に入れや！」と叫んだが、さらにニヤニヤして、なかなか打席に入らない。小山さんは、相手がようやく打席に入った、その初球にパーンとぶつけた。これなどは、小山さんだからこそできたことで、実は、なかなか当てようとして当てられるものではない。

楽天・釜田佳直の鉄のハート

最近の若い選手では、珍しく大胆な内角攻めのできるのが、楽天の2年目、釜田佳直だ。度胸があって腕を思い切り振ってインコースに投げることができるので適当にボールがバラつき打者がなかなか踏み込んでいけない。こういう投手を私は〝鉄のハート〟を持った投手と呼んでいる。球威に頼るピッチングスタイル。コントロールはまだアバウトで甘いコースにもたくさん来るのだが、カウントを追い込んだ時や、ピンチの時に限っては、不思議にきちっとコースを狙うことができる。勝てる投手の条件を備えた投手なのだ。

左ページのピッチングレポートを見てもらいたい。2012年8月23日の対ロッテ戦のデータだが、内角をしっかりと攻めているのがわかるだろう。右打者には、外に緩急をつけたスライダー、左打者には内角スライダーと、チェンジアップの緩急をつけて配球している。

フォークなどの変化球は低目に集まる。

いずれも140から148キロ（最速は153キロ）のストレートを高目にどんど

釜田のピッチングレポート（2012年８月23日、対ロッテ戦）

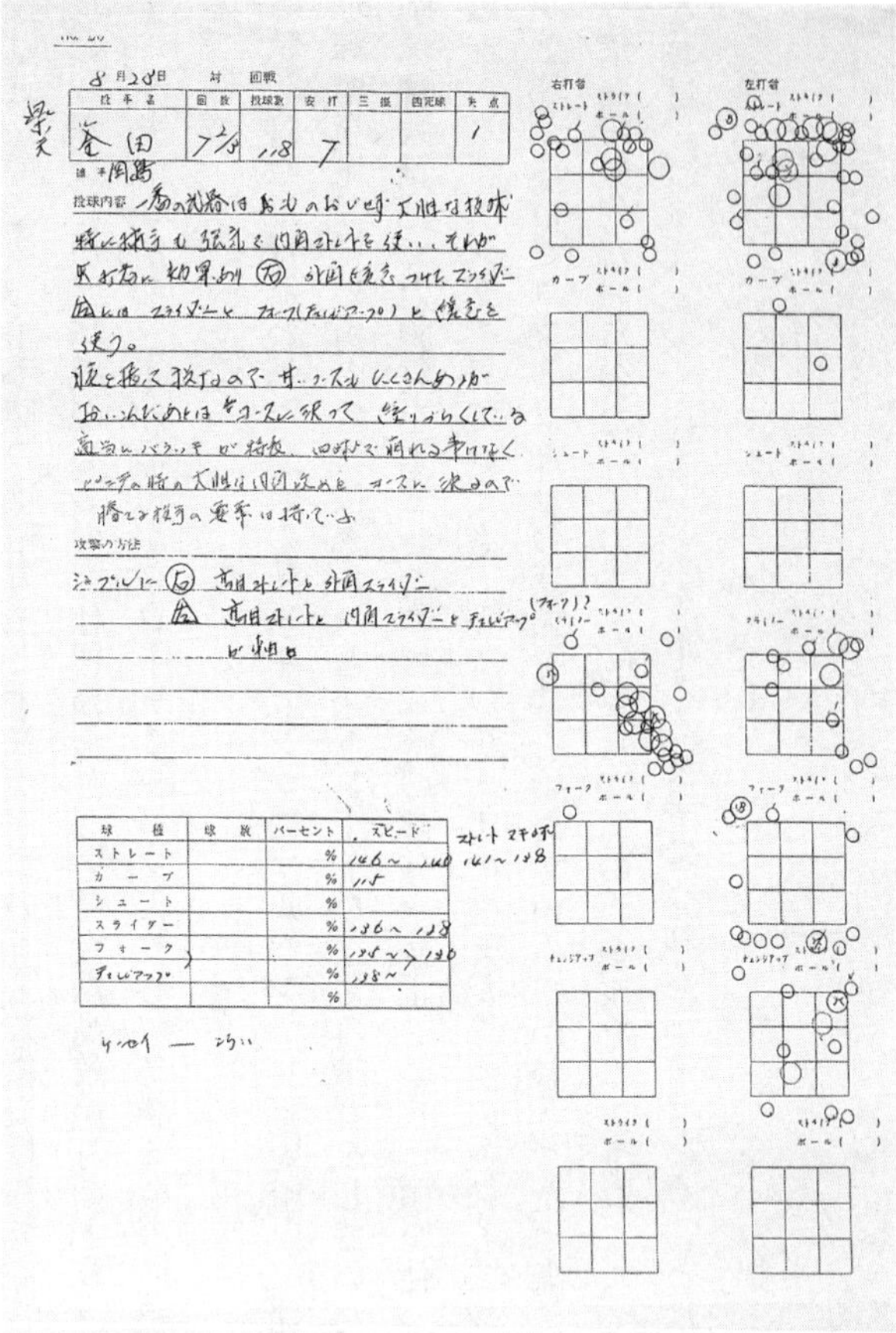

直球の集計分布図を見れば全体的に高いが球威で押している。右打者へのフォークは外角低目に集中できている

ん投げ込んでくる。相手側の攻略方法とすれば、甘いコースに失投してくるストレート狙いしかないが、球威があるので仕留められない。金沢高校出身のドラフト2位の高卒ルーキーながら、4月下旬からローテーション入りして7勝4敗の成績は納得である。

昨秋、倉敷で行なわれた楽天の秋季キャンプのブルペンで星野監督と一緒に釜田の投球練習を見た。外角の低目にきちっとストレートを集める練習をしていた、1年目は制球は大雑把で力勝負をしていたので、その部分を修正しようと頭を使っているのだろう。ピッチングを見ていても、キャッチャーの構えた場所の逆にくる逆球は、10球中1球くらいでコントロールの意識を持ち始めているのがわかった。隣にマー君という最高の先生がいるのだ。このまま60から70%のボールをコントロールできるようになれば、コンスタントに勝ち星を拾える投手になれる逸材であることは間違いない。

キャッチャーとの読み合いという駆け引き

配球の組み立て方には、必ずと言っていいほど捕手の性格が、そこに出る。カウントの稼ぎ方。特に「変化球を空振りした。さあ次に何を選択するのか」という時に性格や習慣が顕著に出る。配球傾向を大まかに分類すると以下の6パターンだ。

①無難に外角や低目に集めたがる（変化球を多用する）。
②内角中心に組み立てる。
③理にかなっていないと納得しない。
④裏をかきたがる。
⑤投手の得意球を中心に組み立てる。
⑥その日の調子のいい球を中心に組み立てる。

北京五輪のチームで共に戦った巨人の阿部は、捕手としては「リードが悪い」などの評価を受けていた。特にノムさんから、「阿部のリードは打者側から見た心理。意表を突くものが多すぎる。フルカウントからでも平気で裏をかき内角を要求するが、これは失敗の確率が高い」と批判されていた。つまり投手側から立った④や⑤に注意したリードができていないと思われていたのである。

だが、彼と同じチームになって、内側から見た阿部の評価は180度変わった。リードも投手側に立ってストライクが取れる、もしくは打ち取る確率の高いボールを選択して、相手の弱点をうまく突く。性格も明るく、リーダーシップもある。今や日本を代表する捕手だろう。最近では、あのノムさんも阿部は「リードが円熟期に入ってきた」と、たまに（笑）褒《ほ》めている。

その阿部のリードの成熟を象徴する場面が、昨季の巨人―中日のクライマックスシリーズの第5戦（10月21日、東京ドーム）の初回にあった。

巨人の先発、内海は立ち上がりに苦しんでいた。二死二塁からブランコを警戒して歩かせて二死一、二塁となり、続く和田も外一辺倒のほぼ敬遠のような内容で歩かせ、シリーズで調子の上がっていなかった森野将彦《もりのまさひこ》との勝負を選んだ。

内海vs森野（2012年クライマックスシリーズ第５戦）

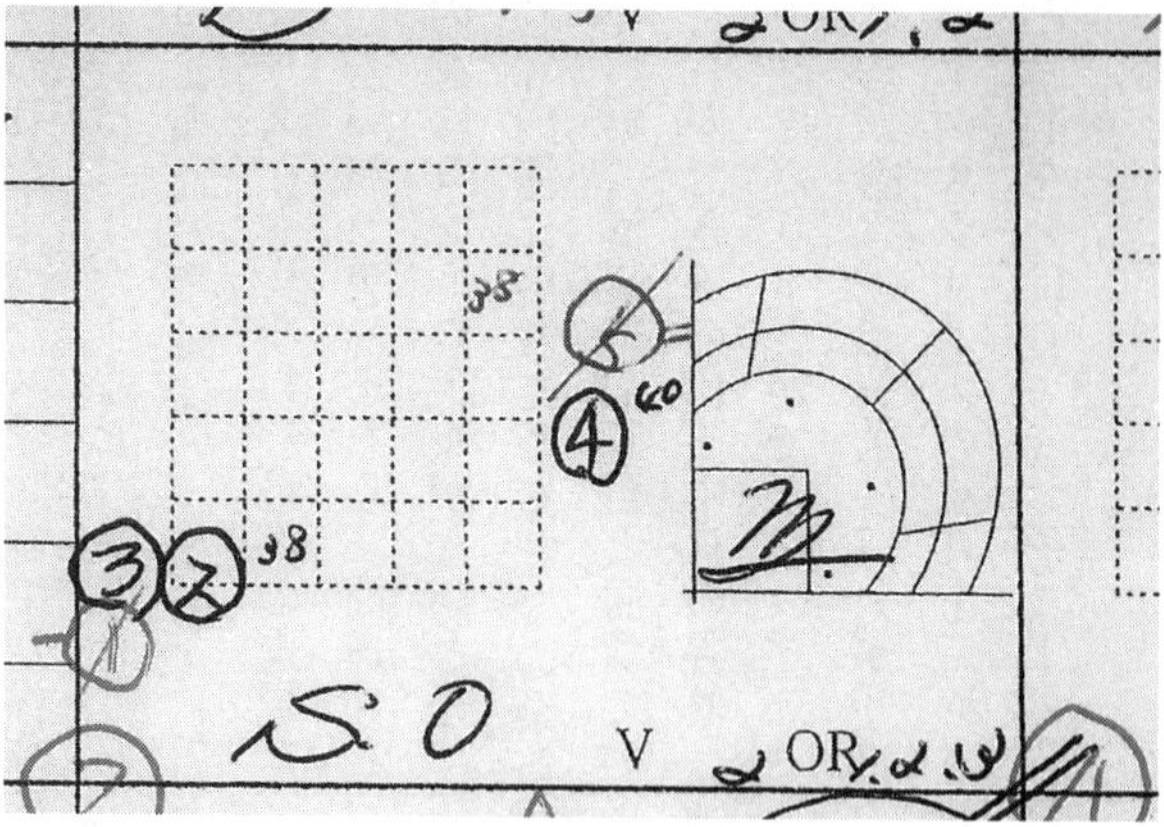

ストライクゾーンに、ほとんど投げていないのが如実にわかる。森野は我慢して甘い球を待つべきだったのだ

二死満塁のピンチである。

上のチャートを見てもらいたい。驚くべきことだが、阿部は、森野に対してほとんどストライクゾーンを要求しなかった。

初球は外のスライダー。2、3球と外を続けられカウントを1―2とされる。森野の打者心理を「外一辺倒か」と思わせておいて、ドンと内角へボールとなるストレートを放り込んだ。内角を見せられカウント2―2となった時点でさらに森野の意識は外に傾いたのだろう。そこでウイニングショットは思い切ったインコースへのツーシームである。森野は裏をかれたようなスイングで空振りの三振に終わった。ここが阿部の上手さである。

森野はローボールヒッターだから低目は厳禁。最初に外をずっと見せているから、きっと森野の意識は外にある。しかも、ツーシームをボールゾーンに投げているから、リスクも少ない。最高の選択で、しかも内海も絶妙のコントロールで答えた。阪神の若いバッテリーなら、間違いなく、この場面では外で勝負していただろう。

内海にコントロールがないと先に和田との勝負を選択していたのかもしれない。しかし、内海にいろんな意味での余裕があるから、「和田と森野の2人でひとつのアウトでいい。満塁でも森野と勝負でいい！」と決断できたのだろう。

これができるのは、中日の谷繁と阿部しかない。他のキャッチャーには、こういう先を読んだリードができない。

この試合は、最終的に巨人がサヨナラ勝利をつかむことになって、絶対不利のクライマックスシリーズの流れを反転させるのだが、実は、阿部、谷繁という両捕手の配球が勝敗を分けたキャッチャーの勝負でもあったのである。

山井vs石井（2012年クライマックスシリーズ第5戦）

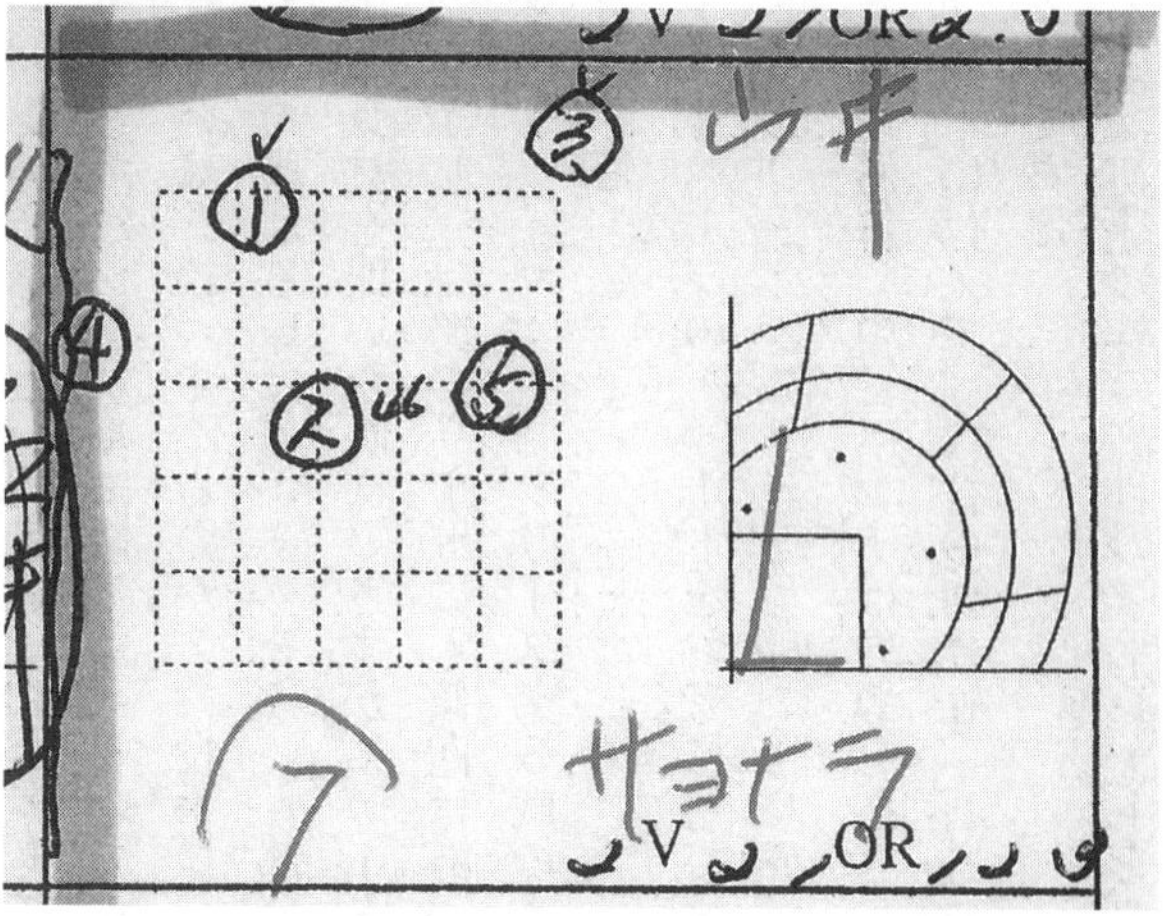

全球直球勝負。高目は球威でファウル。2球目の甘い146キロの直球の見逃しで谷繁の配球の読みが狂ったか

谷繁元信の強気の配球術

谷繁は、当代一の配球術を持っているキャッチャーだろう。

ノムさんは阪神監督時代から「あいつの配球は読めん」と、しきりに褒めていた。

私は北京五輪の代表チームのスコアラーになった時、どういうデータを選手が欲しがるかのリサーチをするため、中日のキャンプを訪れ、谷繁の意見を聞いたことがある。彼は、そのチームの代表には選ばれなかったがリード面では球界を代表するキャッチャーで06年のＷＢＣの王ジャパンの正捕手として世界一に貢献していた。

「できるだけシンプルに情報は欲しいですね。打者ならば早打ちなのか？　打席によって狙い球を絞ってくるのか？　投手ならば困ったらどのコースに投げるのか？　カウントの取れる球は何か？　そういう部分を知りたかったですね」

その意見を聞いた時に、さすがにデータを重視している捕手だと感心したものだった。しかし、谷繁のリードにも傾向はあった。ピンチほど強気なのだ。その強気が、昨季のクライマックスシリーズ第5戦のエンディングに裏目となって出たので例として書いておきたい。

183ページのチャートを参考にして欲しい。

場面は、2対2で迎えた九回に巨人が一死満塁の絶好のサヨナラチャンスを作ったところである。中日ベンチは岩瀬をあきらめ、山井をマウンドに送った。巨人ベンチは、松本に代えて、代打の切り札、石井義人《いしいよしひと》をバッターボックスへ。まさにクライマックスである。

谷繁は初球に外の高目のストレートを要求した。石井は代打の鉄則に沿って積極的に打ってきた。しかし、ファウル。問題は、その2球目である。ポンと、またストレートでストライクをとった。甘いボールだった。初球のストレートを打って出た石井が、今度は、すっと見逃した。本来ならば打ちに来るはずのボールである。

谷繁は、その石井の様子からおそらく「石井は、変化球を待っている」と踏んだのではないか。カウント0―2である。

谷繁は、続けてインサイドをストレートで攻めた。ストライクゾーンギリギリのボールだった。おそらく見せ球としての内角球だったのだろう。追い込まれるとバッターは、ストライクゾーンを少し広く変えるので石井は、そのボールに手を出してファウルにした。

ここのファウルの内容が大事だった。

ノムさんが阪神の監督になってから、スコアラーにいくつも新しいチェックポイントを指示されるようになったが、「ファウルの内容をチェックせよ」という指令も、これまでの阪神では見過ごしていたポイントだった。タイミングが合った強いファウルだったのか。それともタイミングを狂わされ、なんとかカットでしのいだファウルだったのか。そこまでチェックするように私たちは指示されていた。

その印は、ファウルチェックの印の濃い、薄いでわかるようにしていた。その視点で見ると、この3球目のファウルは変化球が頭にあるが、ストライクゾーンに来たと思ったので、なんとかしのいだというような内容のファウルだった。谷繁は、「石井は、まだ変化球待ちだ」と、ここで判断したのだと思う。

ファウルは、打席での読み合いの大きなヒントになるのだ。キャッチャーは、ここで洞察力を働かせて推理する。谷繁は、1球、外角に外して様子を見て、カウントを1―2にして、ウイニングショットにインコースのストレートを選んだ。

谷繁の心理をさらに推理してみる。

石井は変化球待ちだから、その裏をかく。そして、谷繁の強気の性格と傾向。彼はピンチになればなるほど大胆に来る。ツーアウト満塁。アウトをひとつ取ればいい場面だから、外の変化球にコツンとバットを当てられたヒットでは悔いが残る。大ピンチだが、大胆に「インコース・ストレート」のサインを送ったのであろう。

勝負球だったのだ。しかし、石井は、「谷繁は逃げない」と知っているようだった。フルスイングした打球は、レフト前へサヨナラヒットとなって落ちた。

ノムさんの叡知《えいち》をヤクルト、楽天で吸収してきた橋上秀樹さんが、巨人の戦略コーチに就任して以来、そういうID野球の成果を至るところで発揮させてきた巨人だから、石井にそこまでの谷繁の配球傾向のデータを提供していたのか。それとも石井が独自で判断したのか。そのあたりの答えはわからない。だが、初回に中日がつかんだ満塁と、9回に巨人がつかんだ満塁というふたつの二死満塁の場面の成否を分けたのは、バッテリーとの配球の駆け引きであった。バッテリーと打者の知能戦が勝敗を分けた典型的な試合だったと思う。中日が初回の満塁のチャンスに森野がインコース勝負を読みきっていれば、一気に日本シリーズ進出を決めてしまっていたのだから。そう考えると、プロ野球ゆえの1球の駆け引きは、ある意味、大人のプロ野球観戦術の醍醐《だいごみ》味なのだ。

足の速いランナーとリンクする〝やってはならない配球〟

足の速い走者を出すと、配球がリンクしてしまうキャッチャーもいる。加えて、投手の牽制が下手、クイックが下手という状況で、足の速い走者を一塁に置くと、よほどスローイングに自信のある捕手以外は外角へのストレート中心の組み立てに変わってしまう。つまり盗塁された場合に、刺しやすくなるからである。そうなると攻撃する側からすれば、外角のストレートにヤマを張れる。配球が読みやすくなるのだ。足のある走者を揃えて機動力を動員するというのは、そういうこと。バッテリーに多大な影響を与えるのである。

１８９ページの図を参考にしていただきたい。

これは、昨季9月2日、甲子園で行なわれた阪神対広島の初回のチャート図である。ルーキーの歳内《さいうち》宏明《ひろあき》がプロ初先発。捕手はプロ9年目の小宮山《こみやま》慎二《しんじ》である。先頭の東出《ひがしで》輝裕《あきひろ》にセンター前ヒットを許すと、続く菊池《きく ち》涼介《りょうすけ》、天谷《あまや》宗一郎《そういちろう》の打席で極端に配球が、外、しかも、ストレート中心に偏っているのが、一目瞭然にわかるだろう。小宮山は東出の足を警戒するあまり、余裕がないから、こういう配球に変わってしまっていたのである。

結果的に、この回は、無失点で切り抜けたのだが、おそらく、これらの明白なデー

歳内vs菊池、天谷（2012年９月２日、阪神対広島）

菊池涼介

天谷宗一郎

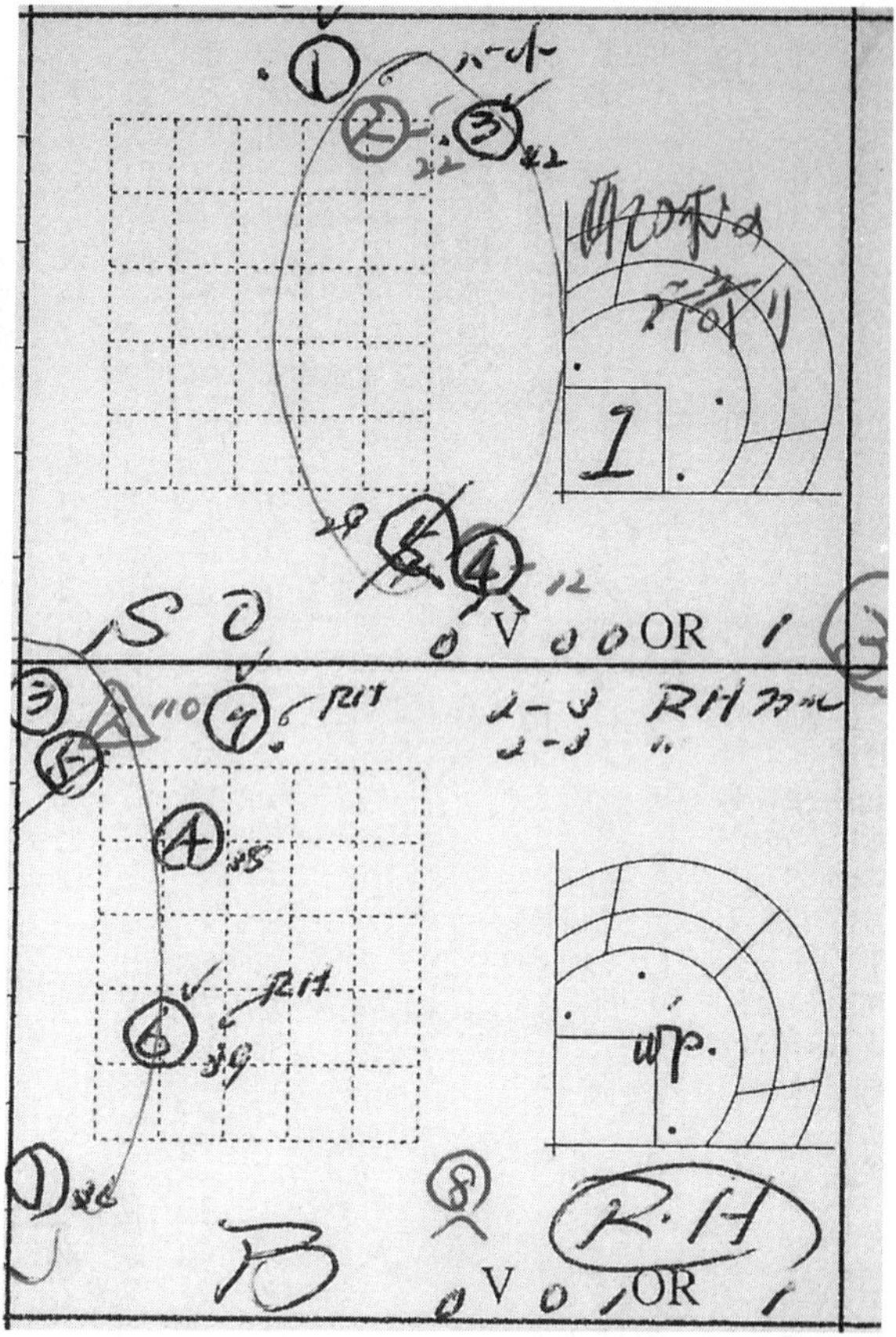

菊池は三振、天谷は四球で歩かせたが配球表を見ると極端に外の直球中心の組み立てになっていることがわかる

タは相手ベンチに読まれて打者の絞り球に利用されていたのだろうと思う。

バッテリーの未熟さ、やってはならない配球とは、こういうことである。

配球の章の最後に、駆け引きを知る上で参考になると思うので、私がスコアラー時代にまとめた10か条の配球の心得を、ここに書いておきたい。配球に絶対はないが、これらを知った上で、キャッチャーになった気持ちで野球を見ると、深みが増すと思う。

10か条の配球心得

①打者は初球に甘いストレート狙いで備えることが多い。
②1球目に選んだボールは、その打席において打者の頭に強い印象として残る。そういう意味で初球は、組み立てをする上で中心のボールとなる。
③左打者は共通して外角甘めの高目への対処が上手い。
④打者が追い込まれる過程で、意識過剰となってしまうボールが3種類ある。ひとつは、大きく空振りした球種、もうひとつは手を出してしまったクソボール、そし

て早めのカウントで見せられた内角球。この3つを有効に使う。

⑤ 打者には共通して、そこに投げておけば大丈夫だという「空振りゾーン」「凡打ゾーン」があり、苦手とする球種がある。特に「胸元の速球」と「外角低目」の対角線に弱点を持っている。

⑥ タイミングを大きく崩されなくてもほんの少し崩されるだけで凡打してしまう。

⑦ 打者に「何かを意識させる」と配球がしやすく料理しやすくなる。

⑧ 一般的に打者は、「横のゆさぶり」より「高低のゆさぶり」「緩球の変化」を嫌う。

⑨ 打者は意外にストレート系の小さい変化を嫌う。いわゆるカットボール、ツーシームというダルビッシュ有などが使う最近流行のボールが、その類《たぐい》だ。

⑩ どんな打者も「タイミングをどう合わすか?」「ボール球に手を出さない」ということを最重要に考えている。したがって「外す」、「誘う」という技術が有効である。

第5章

打者の謎を解く

バッターを観察する　スタンスから見えるヤクルト・ミレッジの秘密

スコアラーはバッターが打席に入るところから注意深く観察する。右打席、左打席に入る打者が、それぞれ、どちらの手でバットを持って打席に入っていくかをチェックしておくのも面白い。右打者は左手、左打者は右手で持って入っていく人が圧倒的に多い。ノムさんは、よく「右打者のバッターの軸になるのは左手やろ。右手で持って入る打者に大打者はいない」と言っていた。

では、右手で持って入る右打者はいるのか、いないのか。そういう打者には、どんな特徴があるのか。そのあたりを一度、注意深く見ておけば何らかの謎が解けるかもしれない。また、入るまでにちょっと時間をかける打者は内野の守備位置などを確認していることがある。そういう打者は、セーフティやドラッグバントなどの奇襲を仕掛けてくるので目が離せない。

次にバッターのボックス内での立ち位置とスタンスをチェックする。後ろなのか、前なのか。スクエアなのか、オープンなのか、クローズなのか。また踏み出す足は、どこにどうステップするのか。足を上げるのか、すり足なのか。

基本的にバッターボックスの一番前に立つ選手は、インサイドに強くアウトコースが弱いという意識がある。だから外に手が届くように前に立つ。本当に驚くくらい前に立っていたのが、現役時代の和田豊監督である。巨人の坂本は、インサイドが強くアウトコースが苦手というタイプであるが、そう打席の前にはいない。腕が長いので、そこまで前に立たなくともアウトコースのボールに届くのだろう。

逆にアウトコースに強くインサイドに弱い選手は、少しホームベースから離れて後ろに立って踏み込んでくる。巨人の長野がそうだ。彼は手が長いからちょうどインサイドがど真ん中になるような位置に立つ。清原和博《きよはらかずひろ》も、そうだった。阪神のランディ・バースが、巨人の江川卓《えがわすぐる》との対戦の時は、そのインサイドの速球に振り遅れないようにと、打席で半歩通常より下がったのは有名な話だ。

ヤクルトのラスティングス・ミレッジは、極端なクローズのクラウチングスタイルである。そこから思い切って外に踏み込んでくるので、なかなか外角は攻めづらい。彼は、たった1年で日本野球にうまく順応した。2003年にメジャーのニューヨーク・メッツからドラフトの1順目で指名された選手である。メジャーで「5ツールプレイヤー」と呼ばれる、攻・走・守のすべてが揃っている選手で、通常ならば簡単にメジャーが手放さない選手だが、たまたま2011年が不調で市場に嫌われたスキにヤクルトが1年契約でうまく交渉してきた。

昨季の成績は125試合に出場して476打数143安打、21本塁打、65打点、打率・300。外国人選手には珍しく選球眼がいい（四球63・三振79）。スイングの強弱もカウントによって使い分けしていて早いカウントではフルスイングで長打を意識しているが、追い込まれると「センターを中心に打ち返そう」とミート打法にチェンジする。必然、打ち損じが少なくチャートを見ても決定的な弱点がないのだ。

ヤクルトは小川監督が野村ID野球を継承している人だから、その影響を受けて配球を研究しているのか、コーチのアドバイスに素直に耳を傾けているのか。とにかく大きな弱点がない。故障がなければ、2013年はさらに怖い存在になる。

ミレッジの話を書いたので、2年連続本塁打王を獲得したウラディミール・バレンティンについても書いておきたい。ヤクルトは、外国人担当の調査力と交渉力が素晴らしいのだろう。外国人選手の補強に失敗が少ない。彼ら二人が軸になるから前後に影響を及ぼし、意外なようだが、昨季のヤクルトのチーム打率・260はリーグトップの数字である。

バレンティンはメジャーでの活躍はほとんどない選手だが、1年だけの3Aでの活躍に目を付けて日本に連れてきた。故障で試合出場数が少ないにもかかわらず、阿部慎之助の追撃を振り切っての2年連続本塁打は立派の一言だ。

彼もまた日本野球への順応度が高い。外、低目のボールの変化球に手が出てしまうという外国人特有の弱点は備え持つが、昨年は、まともに勝負してもらえないことがわかっているから、なかなか低目の変化球にも手を出さないクレバーさがあった。相手が、どれだけ警戒してもポカ球はあるもの。彼は、そういう失投を打ち損じない。

199ページのチャート図は、昨季10月14日のクライマックスシリーズで中日の先発、山内から4回に価値ある先制アーチをバックスクリーンに放りこんだ時のものだ。外を134キロのスライダーでうまく攻められカウントを作られながらも140キロの変化のしなかったシュートかツーシームの逆球を見逃さなかった。「しまった！」と思う失投をミスショットなく確実に仕留めるバットコントロールの技術がある打者だ。彼もまた日本式配球を勉強している形跡が見られる。こういう部分が、ここ一番では同じパターンで凡退しているブランコ（中日→横浜）との違いだろう。ひとつ我慢ができるのである。

バレンティンは、カリブ海に浮かぶオランダ領キュラソー島の出身。WBCではオランダ代表の4番に座ってキューバ撃破の原動力となった。国籍はオランダだが、実質は、中南米の選手の柔らかさとバネを持っている選手。北京五輪の星野ジャパンのスコアラーをしていた時に、視察でオランダを訪れたが、オランダ代表チームには、カリブ出身の身体能力の素晴らしい選手が何人かいた。今回のWBCで旋風を起こしたのも当然だった。日本の球団が目を付けなければならないのは、こういうマーケットに埋もれているポテンシャルの高い選手ではないだろうか。

余談になるが、私は、北京五輪代表チームのスコアラーを終えた後に、阪神タイガースの坂井信也《さかいしんや》オーナー宛に手紙を書いたことがある。

「アメリカ、韓国、オランダと、海外をずっと歩いてきて、たくさんの素晴らしい選

山内vsバレンティン（2012年クライマックスシリーズ）

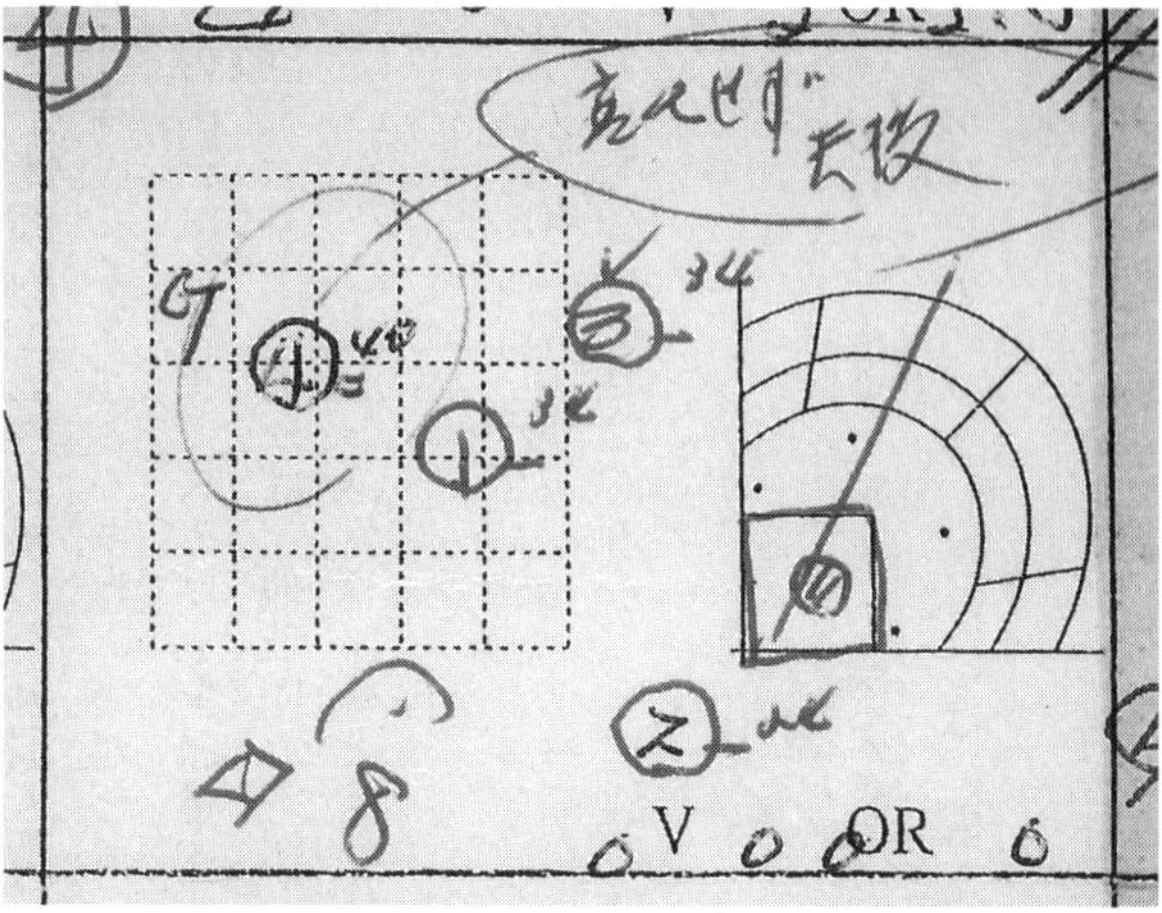

２球目、３球目と外をスライダーで攻められ横の揺さぶりをかけられたが４球目の内角球を見逃さず本塁打に

手が転がっているのを見ました。もうメジャーのＦＡ選手や元メジャーの大物を獲得する時代ではなくなっています。ピッチャーは中南米。打者も中南米でしょう。韓国にも即日本で結果を出せる選手がたくさんいました。これからは中南米と韓国から助っ人をピックアップしていく時代ではないでしょうか」

　確か、そんな内容の手紙を書いた。

　ヤクルト以外では、中日も森繁和前ヘッドコーチの築いたドミニカルートを生かして、メジャーで実績がなくとも未知の可能性を秘めた外国人選手を獲得して成功している。広島も野村監督が浪人時代にメジャーのキャンプ地を歩いて築いた人脈を持っている。西武は、オランダの国際試合にまでスカウトを派遣するほど、調査を綿密に進めていた。資金力のある巨人の外国人選びは、他球団で実績を出した選手を横取りする以外では、最近成功しているとは言えないが、日本球界もだんだんと高額なクズをつかまされないようになってきた。

楽天に2013年度から来た久しぶりのメジャーの大物、アンドリュー・ジョーンズは、心配な存在ではあるが……。話が外国人選手に脱線してしまったので、バッター編に戻す。

バッターの〝間《ま》〟をチェックする 中日・大島洋平の素晴らしい〝間〟

スタンスをチェックした後には、構えた時のグリップの握り方もチェックしておく。

イチローや横浜の中村紀洋《なかむらのりひろ》のように、バットのグリップが隠れるくらいに小指から薬指までをかけて長く持つ人がいれば、短く持ってグリップエンドまでを空けて握る人もいる。世界の王さんも、エンドまでを少し空けて握っていた。

長くバットを持つ選手を見て、ノムさんが、よくベンチでぼやいていた。

「なんで、あんな長くバットを持ちよるんや。スイングが遅いのに滑稽《こっけい》や」と。

ノムさんも現役時代はグリップを余して構えていた。

感性のある打者は、打席の途中で、ほんの少し短く持ったりしながら工夫をしている人もいる。注意深く見てみれば新しい発見があるのかもしれない。阿部も、ごくたまに打席の中で変えて短くする時があるし、糸井も状況に応じて、ほんの少し余裕を持って握っている。

いざバッティングがスタートすると、見るポイントは、タイミング、〝間〟、ステップ、見送り方の４つである。

特に大事なのは〝間〟である。

投手は打者の形をいかに崩すかということを考えて投げてくる。反対に打者側からすると、形を崩されながらも結果を出さねばならない。崩されてもボールについていき、結果を出せる打者は、粘り強いと評価される。

それが〝間〟と呼ばれるものだ。

残っている数字もそうだが、調子のいい打者には、ゆったりとした間合いがある。

阪神の監督に就任したノムさんが、全選手に配った教本「ノムラの考え」には、得意の配球論だけではなく、高校生に教えるような簡単な技術論までが書かれていた。

打者の技術的な基本として、以下の5ヶ条が書かれていた。

①ゆっくりと自分のタイミング（間合い）を守る。

②最後までグリップをトップの位置に残す（一瞬の間）。

③ミートポイントまで引きつけ、つまることを恐れない。

④インサイドアウトのスイングで打つ。

⑤軸を固定して、下半身を回転して打つ。

私が言う打者にとって重要な〝間〟とは、この①と②のことである。

ノムさんは、ミーティングや、ごくたまに見るバッティングゲージの後ろで、ことあるごとに「打撃の命はトップの形を正しく作ることにある」と言っていた。その理想のトップの形を作るためには、これらの5ヶ条がリンクしなければならない。つまり、下半身主導のバッティングフォームの中に〝一瞬の間〟を作ることなのである。

私は、〝一瞬の間〟をそのバッティングフォームに認めた選手には、必ずスコアシートに「ゆったりした間合いがあって要注意」と書いておいた。

読者の皆さんも、そういう〝間〟を感じたら、ぜひスコアシートに書き留めておいて欲しい。そこから数試合の数字を見れば、自分の読み取った〝間〟が、本物かどうかがわかるだろう。

昨季、その〝間〟を強く感じたのは、巨人の坂本、中日の大島洋平、広島の堂林翔太だ。

特に中日の大島は〝間〟があるから懐が深く、外のボールに対するバットコントロールに優れている。コンと上手く芯で当てる。攻める場所はインコースくらいしかない。逆に〝間〟がなくなっていたのが、晩年の阪神の金本知憲や、スランプに陥っている時の巨人の村田、中日の森野だ。

打球方向のチェック　ソフトバンク・内川聖一は二塁の頭を狙う

最後にチェックしておきたいのが、打球の方向である。

相手打者の打球方向を示す左ページのようなチャート図は大切な戦略的データである。

打球の方向と到達地点も線で表現して、一人の打者の打球方向を数試合、数十試合と集計していくと、明らかな打球傾向が出てくる。

対左投手、対右投手、対変化球、対ストレート、カウント別までに分けて打球方向を集計する。前述したようにチャートに書き入れる球種は、赤がカーブ、グリーンがフォークというように色分けをしているが、相手打者が打った後の打球方向を示す線も、それと同じ色で色分けしていた。どういう球種を打ったら、どこへどこまで飛ぶかが、ぱっと見た瞬間にわかるようにしておいたのである。

例えば、赤の線の飛距離が手前にあるならば、このバッターはカーブに対しては、ほとんど打球が飛ばないというのがわかる。また、打球方向を示す線を、いい当たりなら太線、悪い当たりなら細い線、ゴロなら点々でと分けた。「極端に左方向に集ま

WBCのキューバ代表、グリエル・ユニエスキの打球方向チャート

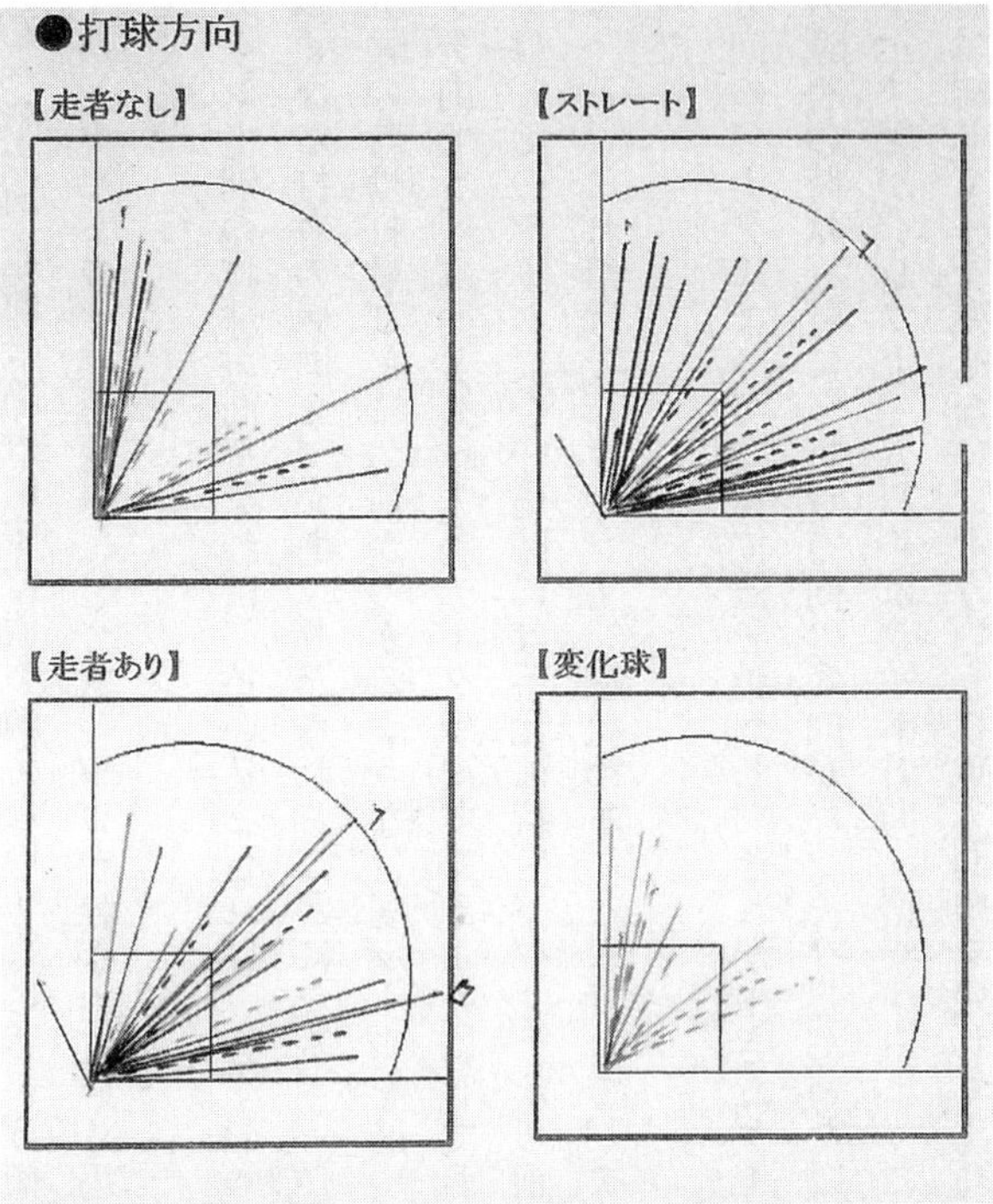

走者無し、ありと直球、変化球に分けて打球方向を集計したもの。走者を置くと素直に中堅から右打ちしている

る」とか、「右へ飛ぶ飛距離は絶対に定位置を超えない」などという傾向がわかり、セーフティーバントやドラッグバントにしても、ゴロが転がっていく場所や方向の傾向まで見えてくる。

または、カウント別の打球方向を見れば、追い込まれれば、必ずおっつけて逆方向への打球が多くなる打者の傾向までがあぶりだされることになる。

私は北京五輪の時は打者ごとに名前がわかるような付箋シールを貼っておいて、コーチが、ベンチ内でも、ぱっと打球方向データが出てくるようにしておいた。内外野の守備コーチは、そのデータ表を守備時には手元に持ち、ベンチから細かく、守備位置に指示を与える。これだけでヒットゾーンを狭めることができて、アウトにする確率が高まるのだ。

この打球方向のデータによって守備位置を動かし、それが生きたケースは何回もあった。外国人選手の時は、特に、打球方向の傾向がハッキリしていた。

打球方向を示す線が、レフト、もしくはライト方向に密集するように集まる引っ張り専門の打者は総じて率を残せない。そういう打球方向線を残して成功した打者は少ない。逆に広角に打てる打者は成功している。オリックスの李大浩《イ・デホ》や、ソフトバンクの内川聖一は、その代名詞のような打者だろう。

ＷＢＣで3番に座り、ここ一番でクラッチヒッターとして勝負強さを見せた内川はパ・リーグで最もスライダー攻略の上手い打者である。ポイントが近く、セカンドの頭の上を狙って逆らわない。だからアベレージが残る。打球方向も広角だ。一方で「そろそろインサイドに来るだろう」という打席では、思い切って初球から、そこにヤマを張って引っ張ってくる。カウントによってバッティングを変えてくるようなクレバーさが、彼の勝負強さを支えている。

打者の配球の読み方　ヤマ張りがバレているヤクルト・畠山和洋

次に打者の読みの心理について書きたい。

ノムさんが、嫌だったバッターを羅列すれば、以下のようになる。

・選球眼がいい。

・読みがいい。

・感性がいい。
・トップを崩さない。
・快速球に強い。
・勝負強い。
・粘り強い。
・方向を決めて打つ（ノムさんの分類方法で言えばC型の打者）。
・失投を見逃さない。
・内角に強い。
裏を返せば、これらは好打者であるための条件とも言える。

投手は、窮地に追い込まれるほど、本性が現れるものだ。それがトータルされると必ず傾向を示す。投手について以下の5点を調べることを命じられた。
①カウント球は？　勝負球は？（特に勝負球を投げるまでの配球とコース）
持っている球種と、それぞれのスピードのチェック。どれが一番打ちづらいか？
（特長と得意球）

②ストレート系を何球まで続けるか？
③変化球で空振りを取った後の球種、コースは？
④痛烈なファールを打たれた後の球種、コースは？
⑤捕手のサインに首を振った時の球種は？（ここには投手の性格が出る）

つまり、これらが配球を読むための材料になるわけである。

たいていの打者は一巡目はストレートを狙う。特にスピードのある投手に対しては、そのストレートを狙う。二巡目以降は、その1打席目の初球が、何であったか、結果球が何であったかを分析して、相手が、どう出て来るかを読んで打つ。そして相手投手の調子をなるべく早く正確につかむことが重要になる。コントロールおよびキレはどうか。逆に特に調子のいいボールはどれかなどを分析しておく。

配球を読むということは思い切りである。

配球を読む作業をする中で「この球を打つ」と狙いを決めたら決して迷わないことだ。「捨てる勇気」を持つことが重要で、半々などという中途半端な狙い球の読みをしてはならない。配球の読み方の原則についてノムさんには以下のように教えられた。

①基本はストレートに合わせること。特に自分の好きな球、好きなコースを待つ。

②相手の％の高い球を待つ。もちろん、技巧派と、速球派によって異なってくる。特に得意球には注意を払いたい。内角の甘いコースから外角まで幅広く、逆方向へ打ち返す備えをすること。

③狙い球を絞ることに頼りすぎないことも必要である。投手のコンディションや、カウント、状況によっては、幅広く打ち返せる対応力を優先することが必要である。

④狙い球に迷った時の一般的な絞り方は70％は外角。30％は内角に。絞り方を反対にすると外角に対して手が出なくなる。30％を内角で待っていても体はついて行く。

ノムさんは、これらに加えて、よく「迷ったらストレートを待て」と言った。打席で、迷い、悩み、何を投げてくるかが、わからなくなるケースがある。例えば、1打席目は、ストレートで入って変化球で仕留められた。2打席目は、変化球から入って変化球でまた凡退したので、3打席目は変化球を頭に入れて狙い球としていたら逆に初球からインサイドをバンと突かれてストレートを見送った。さあ、次は何が来るかがわからなくなった。そういう時は、ノムさんは、「ストレートを狙え」と言う。もし、変化球が来たら、泳いでもいいから対応するのだ。

ストレート待ちで変化球が打てる打者をノムさんはＡ型と名付けた。「コースに張る」「球種に絞る」など、それぞれの打者のタイプをノムさんは、ＡＢＣＤに分類していたが、多くの打者が、このＡ型のスタイルである。だが、ストレートを意識しておいて変化球に１００％対応して結果を出せる打者はプロといえど、そう多くない。

そこで変化球やコースにヤマを張ることになる。

中日の山﨑武司《やまさきたけし》は、これで成功したバッターだ。こういうヤマを張るバッターは、狙い球が外れた時に、ストレートのタイミングに泳ぐとか、変化球への反応が悪いとか、インサイドにドン詰まったりするから、すぐわかる。

そのヤマ張りが、逆に裏目と出ているのが、昨季のヤクルトの主砲、畠山和洋《はたけやまかずひろ》である。畠山は何を狙っているかが、スコアラーから見れば、まるわかりの打者である。典型的なヤマ張りバッター。ステップも含めて非常に動作が大きいので細かく観察していると簡単に心理が読めるのだ。外は狙っていなければ甘いボールでも、すっと見送ってみたり、ボールでも狙い球なら思い切って振りにいったりする。

だから頭のいいバッテリーは初球には、ストライクを投げずにボールでまず狙い球を読みにいく。そこから組み立てれば料理は容易《たやす》い。どうも本人は、昨季「外角を中心に組み立てられていた」と勘違いしているようだが、様子を窺われているのである。逆に言えば、畠山に打たれているチームは、バッテリーが何も考えていないか、よほどの失投だということなのだ。

畠山には、もっと駆け引きのしたたかさが必要だろう。狙っていないボールに逆に手を出しておいて、本当に狙っているボールを誘うなどの深い布石を打ってみてはどうか。「こっちにきたら、どうしよう」、「あっちもくるかもしれない」などと、配球を追いかけるバッターに、まずいい選手はいない。

じーっと待つ選手が結果を出すのである。

落合博満は、ロッテ時代に当時、日ハムのストッパーだった江夏豊にまったく手も足も出なかったそうだ。それが、ある日、麻雀を一緒にすることがあって、江夏がリーチをかけた落合の〝待ち〟をズバリと言い当てた。

「なんでわかるんですか？」という落合に江夏は、「おまえは配球にしても、追っかけてくるから何を狙っているかがすべてわかる。まったく怖くない！」と答え、それがヒントとなり、以後は、打席でひとつのボールをずっと待つスタイルに変貌。1982年7月の日ハム―ロッテ戦では、江夏がカーブを3球続けて投げると、一球も振らずに三球三振をしたが、江夏は、ぞっとしたという。

この年、落合は初の3冠王を獲得している。阪神では、現在スカウトの責任者である佐野仙好《さののりよし》に和田監督。巨人の最強の5番打者と言われた末次利光《すえつぐとしみつ》さんも、同じくボールをずっと待ち続けるタイプの打者だった。理想は、彼らのように相手に何を考えているかを察知されないミステリアスなバッターであるべきなのである。

そして監督、コーチ、スコアラーは、データの使い方を指示する時に、打者が迷うような指示をしてはならない。ノムさんが、ヤクルトの監督時代に1997年の開幕カードの巨人戦で広島をクビになってヤクルトに移籍してきていた小早川毅彦《こばやかわたけひこ》を5番に据えた。その試合で小早川は巨人の斎藤雅樹《さいとうまさき》から3発のホームランを打った。ノムさんは、「斎藤は外からのカーブでストライクを取りに来る。それを狙え！」と、データと映像を見せた。4回の同点ソロアーチは、そのカーブを狙い打ちしたものだった。通常の場合、打者は、そういう狙い方はなかなかできない。データはあっても、「逆が来たらどうしようか」と、不安になるものなのだ。そういう時には「こうだ！」と、指導者が断定形で言ってやると踏ん切りがつく。

配球を極めて大きく成長した巨人・阿部慎之助

巨人の阿部はジャイアンツだけではなく、WBCではリーダーとして4番に座り侍ジャパンを引っ張った。彼は、配球を極めて大きく成長した打者である。

巨人対日ハムの日本シリーズの第6戦（11月3日、東京ドーム）で、その典型の場面があったから紹介しておきたい。左ページのチャート表を見てもらいたい。

3対3の同点で迎えた七回二死二塁から阿部が、左腕、石井裕也《いしいゆうや》からセンター前へ放った決勝タイムリーの打席である。初球、2球と低目に130、128キロの落ちるボールで様子を見られた。3球目がやや外寄りにスライダーでストライク。カウン

阿部vs石井裕（2012年日本シリーズ第6戦）

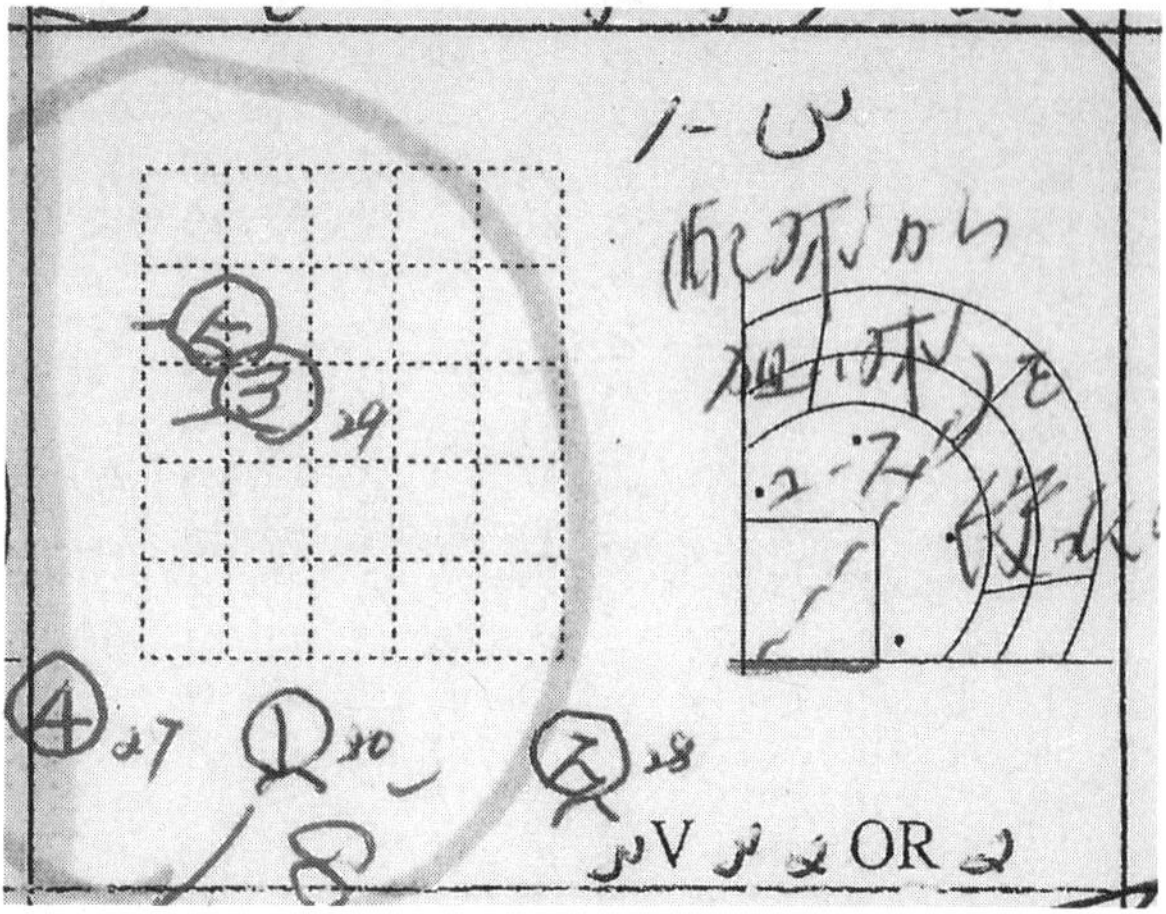

日ハムは警戒して低目、外で様子見。勝負するつもりはなかったのかもしれないが、外の失投を見逃さなかった

ト2―1から次は外へ大きく外れる127キロのスライダーである。カウント3―1から日ハムバッテリーが選んだウイニングショットは外への変化球だった。阿部は、迷うことなく踏み込んだ。

「インコースは絶対にない」と決めつけて外一本に絞り込んだバットスイングだった。この打席でひとつも内側のボールはなかった。阿部は完全に配球を読み切っていたのである。巨人はノムさんの下でデータ野球の真髄を勉強した橋上コーチを迎え、データの使い方が目に見えて変わっている。おそらく阿部にも、判断を助ける材料として石井のワンポイントでの傾向を提示していたのだろう。

阿部と初めて会ったのは2008年の北京五輪の代表チームだったが、その野球に取り組む姿勢に驚いた。台湾でのアジア予選中には、ミーティングルームでずっと対戦相手の映像を見られるように準備しておいた。韓国や台湾の選手は、なかなか顔と名前が一致しないので、現在楽天のフロントにいる福田功《ふくだいさお》のアイデアで、選手名のテロップを入れ込んだDVDを作って部屋で流しておいたのだが、そこに真っ先に来て特徴やクセ盗みを熱心にやってくれたのが、ヤクルトの宮本慎也と阿部の2人だった。その真摯な姿勢と努力を怠らない一面を見た時、彼が将来、名実共に巨人のリーダーになるのだろうと予感がしていたが、リード面で若い投手を引っ張ると同時に、自らのバッティングにも、経験の中から積み上げた叡智を生かしているのである。

打者は2ストライクと追い込まれてから駆け引きの大きな局面を迎える。

北京五輪の日本代表スコアラー時代に、アメリカのアリゾナで行なわれていたマリナーズキャンプを訪れ、天才、イチローにひとつの配球の極意を聞いたことがある。

彼は「投手の一番良い球、すなわちウイニングショットに的を絞っている」と言った。三冠王を2回取った落合博満は、実は、2ストライク以後の打率が、3割5分以上もあった。この打率は投手の勝負球を打てていたことを物語っている。イチローと落合では、1番打者と4番打者の違いはあっても、相手投手の一番得意とする勝負球と言われるものを仕留めにかかっていたという共通点を持っている。それが一流の証ならば、阿部もまた相手のウイニングショットを狙って打てる打者だ。

ベテランとロッテを殺した低反発球と新ストライクゾーン

統一球の評判がよくない。

2011年の導入から2シーズンが過ぎたが、ホームラン数は激減、加えて得点力も落ちて派手な試合が減ってロースコアの試合が増えた。玄人《くろうと》好みと言えば、そういう試合が増えたのかもしれないが、低反発球の導入とともに、ストライクゾーンも低目、外角に少し広くなった。2011、2012年の2シーズンで成功している選手と、失敗している選手をデータ面から分析してみると、ひとつの傾向がわかる。

主にベテラン勢が落ち込んでいるのだ。

2010年にリーグ3位からクライマックスシリーズを勝ち上がり、史上初の〝下克上日本一〟を果たした千葉ロッテが、統一球、新ストライクゾーンが導入された2011年、2012年と低迷したのは、打線の中軸だったベテランの不振に尽きる。

2012年の以下の5人の数字を見てもらいたい。

井口《いぐち》　資仁《ただひと》（38歳）打率・255　60打点　11本塁打　出塁率・343
サブロー（36歳）打率・239　52打点　7本塁打　出塁率・346
今江　敏晃（29歳）打率・253　47打点　6本塁打　出塁率・287
福浦《ふくうら》　和也《かずや》（37歳）打率・250　25打点　0本塁打　出塁率・308
里崎《さとざき》　智也《ともや》（36歳）打率・244　41打点　9本塁打　出塁率・308

チームの軸が、この成績で勝てるわけがない。統一球、新ストライクゾーンとなって2年が経過してもベテランほど対応できていないのだ。なぜか。

ベテランは、自分のストライクゾーンをしっかりと持っている。どのゾーンに来れば、どのポイントでボールをミートするのかという感覚をつかんでいるのだ。自分のストライクゾーンを確立させている。それゆえ職人と呼ばれるようなベテランは、毎年、コンスタントに成績を残すわけだが、そこが狂うと修正は容易ではない。

145キロのボールでホームへの到達が0・4秒ちょっと。そこでストライク、ボールを判断して、反応するのに0・2秒。研ぎすまされた反応と感覚の世界である。そこをタイミングとして身に付けてしまったプロが、そのタイミングを変えるには、大変な苦労を伴う。ストライクゾーンで言えば、今までボールと判断していたところが、ストライクになるのだ。低反発球に対しては、そもそも全体的にミートするポイントも変えなければならない。そういうジレンマに苦しみ結果が出ない。

すっかりベンチウォーマーとなってしまった巨人の小笠原道大《おがさわらみちひろ》も、その対応のできなかったベテランの一人。2010年までは、3割、30本をキープしていたのに新規格となった2011年から驚くほど成績が落ちた。本来ヒットよりホームランが打ちたいフルスイングが代名詞だった打者。低反発球に加えて、ストライクゾーンの変化に対応できずに打てる球がなくなってきた。元々は、4打席立って結果の出せるタイプ。巨人のメンバーを見る限り、2013年も入り込むスキはないだろう。

2012年に中日が倉敷で試合をした時に和田一浩と少し話をしたが、彼も2011年に低反発球と新ストライクゾーンの対応に苦労した。北京五輪の星野ジャパンで一緒だったが、元々はポイントが近い打者で、ティー打撃の時から打つポイントをすごく手前に置いてバットスイングをする人だった。しかし、その打法では、低反発球に対応できなくなり、ポイントを少し前に置くように打撃改造を試みたという。しかし、打撃改造は一筋縄にはいかず、一時期、ずいぶんとストレートに差し込まれていた。

「和田さん、かなりポイントを前に変えましたね」

そう声をかけると、「それを戻すのに2年もかかりました」と苦笑いしていた。和田クラスの打者でも、低反発球と新ストライクゾーン対策にポイントを変えるのに2年もかかるのだ。楽天から中日に移籍した山﨑武司や、谷繁らベテラン勢の不振は、年齢からくる衰えもプラスアルファであるだろうが、真の理由は、技術と感覚を持っているからこそ統一球や新ストライクゾーンへの戸惑いが増幅されるのだろう。

新しい野球にマッチした積極的なバッター　千葉ロッテ・角中勝也

逆に低反発球になってもホームランを量産した、西武のおかわり君こと中村剛也《なかむらたけや》の打法が一昨年は注目を浴びた。ミートポイントが元々前にあってフルスイングする打法ゆえ、低反発球と新ストライクゾーンに他選手が苦しんでいる中にあって一人気を吐き、48本塁打を記録した。ストライクゾーンのボールすべてを積極的に打って出る。引っ張りが70％。しかしポイントが前にあれば、飛距離は出るが、引き換えに外角の変化球と低目の縦の変化球の見極めが難しくなるというリスクを背負う。

「なんでも振ってくる」ので相手投手からすれば一回り大きくストライクゾーンを使って攻めることができる。昨季は、相手チームに徹底的に研究されて外角の変化球でカウントを稼がれ、ボール球で誘われる。外に目が行って踏み込もうとしたタイミングに食い込んでくる内角球を使われるというパターンで前半戦は、１２９打席本塁打無しのスランプにぶち当たっている。交流戦後、再び本塁打を量産し始めたが、相次ぐ故障に悩まされ、結果的には、打率・２３１、27本塁打、79打点。本人にしてみれば、不本意な結果だろう。強振、引っ張りの典型的な打法だけに、打ち損じを減らすこととボールの見極めがポイントになる。バッテリーとの駆け引き、狙い球の絞り方が必要になってくる。特に打点をきちっと狙える思考の変化が欲しい。

私は改めて統一球、新ストライクゾーンになって、しっかりと成績を残している選手の傾向を分析してみた。だいたい以下の４条件を満たした打者である。

①初球から超積極的に打っていく選手（球種にかかわらずに自分のストライクゾーン、ミートできるコースを打っていく）。
②外角の対応力のある選手（ミート中心で外角の変化球を逆らわずに打てること）。
③アンパイアのジャッジなどストライクゾーンに過敏な反応をしない。
④追い込まれた後の対応力がある。

結果を出しているのが、元々、広いストライクゾーンを持っていた選手。つまり配球を読んでボールを絞りきるのではなく基本的にはストライクは、なんでもどんどん振っていこうと積極的に考えている若い選手がいい成績を残している。配球などをそう深く考えずに打てる球をどんどん打っていく「好球必打」を貫いている選手だ。

早打ちが打率をよくしている。逆に技術のない選手の方が自信がないからいいのだ。自信と技術があって巨人の小笠原道大のように、絞り込む配球をする選手は、ストライクゾーンと、低反発球の影響で力が出せなくなる。

どうして初球から超積極的に打つ選手が好成績につながるか？　勝負球や難しい球の少ない初球についての投手側の鉄則は前述したが、打者側からすれば初球ほど打率の高いカウントはない。「狙い球を絞れる」「追い込まれていないから思い切って打てるコースを振り切れる」「意外と不注意な球を投げてくる」などの条件が揃っているのだ。さらに言えば外のボールの見極めができる人が成功している。インサイドのストライクゾーンは、そう広くなってはいない。外と低目が多少広くなっている。

だが、若い選手の誰もが、無条件に積極的というわけではない。

星野監督は、若い野手に対して「ストライクゾーンのボールは積極的に行けと言っているのに行けない。気持ちが弱いんだろうか」と嘆いていた。

前オリックスの岡田監督も同じようなことを愚痴っていた。

「初球が打てない。対応力がない」と。

その意味でオリックスへ驚愕の電撃トレードをした日ハムの糸井と、苦節5年の末、ブレイクして首位打者を獲得した千葉ロッテの角中、ソフトバンクの松田らは、積極性を武器に結果を出している2011年以降の新規格対応型のバッターである。

ロッテの角中は、統一球と新ストライクゾーンを見事に追い風にしてブレイクしたシンデレラボーイだ。2007年に独立リーグの四国アイランドリーグ・高知から育成入団。成功したいというハングリーな気持ちを誰よりも強く持っている苦労人でやっと摑んだチャンスをものにした。昨季は、最後まで中島（現アスレチックス）と争って打率・312で首位打者のタイトルを奪った。128試合に出場して477打数、149安打、打点61、三振68、四死球43、盗塁8の成績である。

角中は、前述した2011年以降の新規格の野球で活躍する条件にピタリと当てはまっている超早打ちのバッターである。ボールを選んで塁に出るなんて考えはこれっぽっちもない。パワーもあってバットを短く持ちスイングはシャープ。ホームベース近くに立ち、投手に向かっていく闘争心を見せる。インサイドを逃げないし怖がらない。ガッツがある。これは中日の大島にも言えることだが、怖がらないというのは、成功する打者の条件である。

ストライクゾーンの甘い球は、初球からでも見逃さず打ってくる。トップバッターだが、打てるゾーンは広く、ハイボールヒッターで、ボールひとつ分くらい上のストライクゾーンは手を出してくる。かといって選球眼はよくて、ボールを呼び込んで打つスタイル。カウントを追い込まれると打撃フォームを変え、粘り強く変化球への対応力もある。バットコントロールは良くて打球方向としては広角。左腕も苦にせず、長打を望まず自分のバッティングに徹しているのは立派だ。

「巧打者の条件のすべてを持っている」と断言していい。

ただ俊足でありながら盗塁が8は物足らない。首位打者を取って満足するのでなく、さらにハイレベルな打者を目指して欲しい。

オリックスに電撃移籍した糸井も、これらの条件を満たしている打者である。

・初球から積極的に打つ。意外性がある。

・ミートの精度が良い（選球眼がよい）。

・打てるゾーンが広い。

・俊足である（盗塁ができる）。

配球を読んで狙い球を絞るタイプではなく、ストライクゾーンは積極的に打っていく。ストレートを待っていて変化球にしっかりと対応できる、イチロー並みのセンスとバットコントロールがあるから、低反発球も新ストライクゾーンも関係ない。

2009年から4年続けて3割を打った。本塁打数が減ったのは仕方ないとはいえ、左投手も苦にせず、昨年の155本のヒットは、最多安打まで2本足らないだけ。しかも出塁率が．404でNO．1。俊足で選球眼もよい。

よくこんな打者を放出したものだと不思議に思ったが、オフのメジャー移籍志願がフロントを怒らせたのだろうか。2年後に海外FAで確実にいなくなる打者で、しかもポスティングなら、ダルビッシュ並みの対価が球団には入ってこないため、先を見越して放出したのだろう。日ハムのフロントは、どこかの球団と違って、将来ビジョンをしっかりと描いているので、そういう計算が成立したのかもしれない。

2003年に自由枠で近大から入団した糸井は、元々は投手である。真っ直ぐは150キロを超えたが、故障や制球難で、2年間は一軍登板もなかった。私は2006年の日ハムの春季キャンプ地をスコアラーとして視察に訪れた時に、まだ糸井の野手転向を決めかねていた日ハムの高田繁《たかだしげる》GM（現横浜DeNAのGM）から雑談レベルで、こんな話を聞かされた。

「三宅さん、糸井はボールも速いんだけど、バラついてコントロールが安定しません。でも、足はあるし、打たせるとセンスがいい。野手転向の選択肢もあると思うのですが、見ていてどう思いますか」

私は、よそさまのチームの選手にとやかく言えない立場なので「投手としては確かに時間がかかるのかもしれません。後は高田さんの決断次第でしょう」と答えたことを覚えている。彼が野手転向したのは、それからまもなくのことだった。

3人の未完の大器　堂林翔太、筒香嘉智、大田泰示

ノムさんは、「4番とエースは育てられない」と、よく言っていた。12球団を見渡してみても、長嶋、王、松井秀喜クラスの「これぞ4番打者!」という不動の4番バッターは存在していない。WBCの4番は阿部だったが、不動の存在感はまだない。

しかし、将来、そういう4番に育つべき可能性を持った打者はいる。私は、広島の堂林翔太、横浜DeNAの筒香嘉智《つつごうよしとも》、巨人の大田泰示《おおたたいし》にその可能性と片鱗を感じる。

広島で売り出し中の堂林は、今季から背番号を「7」に変えた。スター性を秘めた長打力を持ったスラッガー。基本的にストレートしか打てないが、バットスイングが速いから、快速球にも対応できた。飛ばすという能力には天性の素材を感じる。

昨季は、オールスター戦以降、研究されて苦しんだ。三振は150。488打数のうち30%以上を占めるほどの三振率だ。そのほとんどが、外角のスライダー、低目のフォーク、抜いたチェンジアップのパターンである。おそらく配球の待ちは真っ直ぐ一本に絞っているのだろう。徹底してアウトコースの変化球を軸とした配球で組み立てられ打てなくなった。プロの長丁場にへばったのか、8月以降はバットスイングも

鈍くなった。狙っているストレートが少々甘く入ってきてもミスショットしていた。

全試合出場をさせてもらったことは、いい経験になったと思う。やるべきことはハッキリしている。シーズンを通じてバットスイングのレベルを維持する基礎体力の強化、配球の研究、打てるゾーンの打ち損じを減らすことの3点である。これらの壁を超えた時、ミスターカープの称号を継承する大打者に育つ可能性を持っている。

筒香は、横浜のスター候補だ。素晴らしいスイングスピードに加えて柔らかさを持っているのが魅力。阪神OBの掛布雅之《かけふまさゆき》が、筒香が入ってきたばかりのキャンプ取材で、そのバッティング練習を見た時に「柔らかさとセンスは抜群だなあ。久しぶりに見た大物打者」と、感想を語っていた。素材には文句のつけようのない逸材である。

典型的な長距離ヒッターで、インコースのさばきの上手さに天賦《てんぷ》のものがある。ただし、故障も多く、現時点では中田翔のレベルには追いついていない。この差にはチームという環境の違いが大きいのではないかと考えている。横浜DeNAは環境が悪すぎる。チームに糸井と稲葉という参考になる打者がいて、ましてその二人の間に挟まれ、死にものぐるいで結果を残そうとした中田と、チーム内にお手本となるべき打者のいない横浜では、成長度合いに差が出てきて当然だ。筒香が勝てるチームのスタメンに名を連ねているならば、もっとよくなるだろう。

巨人の大田泰示は、シーズン後半にチャンスをもらい、持ち前の長打力を発揮した。和製大砲として巨人が育てようと期待している2008年度のドラフト1位だ。

遠くに飛ばす長打力は持って生まれたもの。本塁打の打てる貴重な選手だ。目を引くのは、読んだコースのボールに対してフルスイングを仕掛ける思い切りの良さと選球眼の良さである。長身、腕の長い選手特有の欠点であるが、インサイドが弱く一軍レベルの投手のボールで対応できるのは、外の甘いストレートくらい。外、および低目のボールゾーンの変化球への対応力もまだ物足りない。

守備の不安があり、未熟だが、日ハムの中田翔のように打てなくても三振しても、エラーに目をつぶって我慢して使うに匹敵するだけの素材だと思う。

縦の変化と横の変化　アスレチックスの中島とオリックスのT-岡田

メジャーに挑戦して西武を去った中島裕之は、スコアラー目線で見て弱点の少ない打者だった。２００７年に北京五輪のアジア予選を前に中島のバッティング練習を見ていると、無理に引っ張ることをせずに、右中間にガンガン柵越えを連発していた。

思わず「いいバッティングしてるねえ。近い、将来、ホームラン王を取れるよ」と声をかけた。すると、中島は「三宅さん、僕はホームラン打者じゃありません。常に狙っているのは首位打者です」と言った。

「チームにとって、そういうヒット狙い、打点につなげてくれるバッターが、一番貢献度が高いよな」と、私は納得して答えたことを覚えている。

無理して引っ張りにかからない打者はチャートを分析しても弱点が少ない。中島は、内川と一緒で外の変化球が打てる。真っ直ぐを待っていても、スライダーが来たら逆らわず外を右へと打ち返す。ミートポイントが近いのだろう。3年も4年もコンスタントに3割をキープしていて三振も76と少ない。しかし、四球も52。どんどん打っていくほうだ。その点はメジャーの野球に対応しやすいのかもしれない。

あえて弱点をさらせば、インハイの速い球を見せられた後の縦に落ちる球のペア配球。横の変化であるスライダーは、ひとつも苦にしないタイプだが、縦の変化には弱い。スコアラーは、打者をよく縦に弱いタイプと、横に弱いタイプに分類するが、強いて言えば、中島は縦、横に典型的に弱いのは、我が阪神の新井兄弟、オリックスのT-岡田《おかだ》らである。T-岡田は、2010年にノーステップ打法で、本塁打タイトルを獲得。覚醒したかと期待が寄せられたが、統一球と新ストライクゾーンに対応できなかった。再びステップを元に戻すなどして、ミートポイントが一定しない。元々、インコースが打てず、外の変化球に弱い。横の揺さぶりに弱い典型的なバッターである。

本人は、インサイドは来たらカットするという気持ちを持つなど、配球の読みにそれなりの工夫はしているようだが、本塁打が打ちたいから強振する、強振するから打ち損じが多くなるしボール球に手を出してしまう悪循環。研究され弱点を徹底して突かれるからさらに悩まされる。打てるポイントも限られてくる。狙い球を絞らないと打てないのならばデータの分析はもちろんのこと、自分で死にものぐるいで相手のクセを見つけるなどの努力をしなければならないだろう。確率の高い球を絞って決めたら迷わないで打つことを心掛けて欲しい。

第6章

守備・走塁の謎を解く

ヤクルト・宮本慎也の先を読む守備

プロ野球の醍醐味のひとつが、その華麗な守備のテクニックである。

読者の皆さんに守備面で気をつけて見ておいて欲しいのが、野手の打球に対する反応、その一歩目だ。スコアラー視点の〝通〟のチェックポイントである。足、肩、グラブさばきをチェックするのは当然だが、その一歩目の動きにセンスが出る。私たちは選手ごとの打球方向のデータ図を作っておいたので、内野手も外野手も、その打球の方向を頭に入れている。そこに守備コーチからの指示もあって、打者や状況に応じて、事前に守備位置を微調整して移動させている。

WBCでは阿部が捕手のポジションからジェスチャーで外野の守備位置を動かしていた。そこにピッチャーの投球、配球を予測しておき、捕手のサイン、構えたミットの位置から、ピッチャーが投げる寸前に準備を始め、ボールがミートされる瞬間にスタートを切る。それが守備の〝思い切り〟というものでファインプレーにつながるプロの準備である。

ずいぶん昔に阪神では、内野守備コーチだった河野旭輝《こうのあきてる》さんが、そのあたりをうるさく言っていた。しかし、現在、阪神の二軍監督である平田勝男《ひらたかつお》ら選手側からは、こんな反論も出ていた。

「配球を読んでスタートを切って、逆方向に打球をひっかけられたらどうするんですか？　もしくは盗塁を仕掛けられたら？」

だが、私も河野さんも「逆を突かれたらしゃあないだろう。ふたつにひとつ、決断しろ！」と答えていた。何度も書いているが、スコアラーは、「これもある」、「あれもある」とやるミーティングは最悪である。選手は迷い、悩むもの。だから「これだ」という方向性を示してあげなければならない。

選手は、鈍感で動かない人、そういう動きを大胆にやれる人、知らない顔をしておいてさっと機敏に動く人の3つに分かれる。いずれにしろ感性に加え、ピッチャーの球種、スピード、配球、コントロール、バッターの打球傾向のすべてをインプットしておかねばならない。

それらを総合してセ・リーグで卓越した技術を持つ内野手は、ヤクルトの宮本と中日の二遊間だろう。宮本の予備動作、次を考えた一歩の速さは球界屈指。常に足が動いているので、送球も含めて抜群の安定感である。井端はスタートがいい。巨人の坂本の守備も一昨年前に比べるとずいぶんと改善された。オフに宮本道場に入門して「足で取って、足で投げろ」と内野守備の基本理念を手取り足取り教えられ、それを自分の技術にした。メジャーに挑戦することになった元西武の中島も、守備が上手くなった一人だが、彼も北京五輪の代表チームにいた時に、宮本にかなり技術的な指導を受けていた。ヤクルトの内野手も堅い。セカンドの田中浩康《たなかひろやす》は失策が4しかない。先を読む動きがある。ショートの川端慎吾《かわばたしんご》も雑なプレーをしない。おそらく宮本のプレーをお手本としているのだろう。チームリーダーの影響力とは、こういうことを言うのだ。

ただ、阪神に今季から入った、あのメジャー帰りの内野手だけは、北京五輪チームで、宮本が何を言っても知らん顔をしていた。なぜなのだろう（笑）。

一方、WBCではセカンド、サードも守り器用な一面を見せてくれた阪神の鳥谷敬は、リズムがどうもよくない。広島の堂林は、まだ足が使えないのでバウンドを合わせきれず、さばけないところがある。送球ミスより捕球ミスが多い。昨季のリーグワーストの29失策はいただけない数字だ。彼も、また宮本に守備指南を受けている一人。宮本は、将来監督となる器の人物だが、すでに〝守備コーチ〟としても球団の枠を越えて引っ張りダコだ。堂林に負けずとも劣らず守備が下手な選手は、阪神の新井貴浩かもしれないのだが……（笑）、彼にもリズム感がまったくない。

パ・リーグでは金子誠が、膝に不安を抱えながらも上手い。

ソフトバンクの秋山監督は、マリナーズへイチローを追いかけていった川崎宗則《かわさきむねのり》の抜けた穴を埋めるために、今宮健太《いまみやけんた》、明石健志《あかしけんじ》という二人の若い内野手にチャンスを与えた。10代で開幕スタメンを射止めた今宮は、懸命さが好感を呼ぶ。派手なプレーはしないが、肩はあって前の打球にも強い。今後、日本屈指の内野手になってくるだろうと思う。バッティングは、まだまだ物足りないけれど、守備は任せておける。

外野手は、一歩目を含む打球判断力に、守備範囲と走者を進めない肩が重要になる。

糸井が在籍していた時の日ハムの外野の3人は鉄壁だった。特に中田の守備範囲が広くなった。これまで彼は守備が不安だと言われていたが、大阪桐蔭高校時代は１４５キロを投げているピッチャーだったから、本来、その肩は素晴らしい。２０１２年の捕殺記録の19個は素晴らしいの一言に尽きる。ちなみにセの捕殺のリーダーは、ヤクルトのミレッジの13個だった。中田は、ノーバウンド、ワンバウンド返球を状況に応じて使い分けているが、キャッチャーへ見事なストライクを返す。誇れるプロの技術である。

西武のセンター、秋山翔吾《あきやましょうご》の広い守備範囲と強肩は、昨秋のキューバとの日本代表チームにピックアップされたのも納得ものだ。ソフトバンクの内川も、華麗さはないが、実は捕球してからスローイングへのスイッチが非常に速い。

千葉ロッテのセンター・岡《おか》田《だ》幸文《ゆきふみ》の足の速さは特筆もの。最後まで諦めない球際の強さはファンを魅了している。あれだけの広い守備範囲で右中間、左中間の長打になる可能性のある打球をファインプレーでアウトにしていけば、ピッチャーへ与える心理的影響も大きい。勝利に貢献する守備である。

巨人は、松本が前々から堅実な守備を見せているし、長野にベテランの高橋由も悪くはない。鉄砲肩で言えば、やはり元投手の糸井だろうが、中日を昨季限りで引退、その引退式でポンとボールをスタンドに放り込んだ英智のレーザービームは、それだけで銭の取れるプロの肩だった。

逆に守備では草野球並みの最悪の外野手も存在する。横浜のアレックス・ラミレスと阪神のマット・マートンだ。守備範囲は狭く肩が弱い。肩に致命傷を負った晩年の阪神の金本も、その意味では最悪の外野手だったのかもしれない。肩が弱いならば中継の内野手への返球を素早くするなどカバーする方法はいくらでもあるが、マートンの場合は、怠慢プレーが気になる。相手スコアラーから見れば絶好の穴である。

古くは1987年の西武―巨人の日本シリーズ第6戦で、総力で守備のスキをついた伝説の走塁があった。当時、西武の三塁コーチだった伊原春樹《いはらはるき》さんが、巨人のセンター、ウォーレン・クロマティの弱肩と、守備範囲の狭さをインプットしておき、クロマティの前に飛んだ打球で一塁走者の辻発彦《つじはつひこ》を一気にホームへ突っ込ませたのだ。そういう心の準備のなかったクロマティは緩慢な動きで中継へとボールを返していた。その走塁は、シリーズに決着をつける価千金のファインプレーとなった。

おそらく他球団は、ラミレス、マートンに対しても、その走塁の再現を虎視眈々《こしたんたん》と狙っているはず。少々、意地悪な見方になってしまうが、ハプニングを期待する読者の皆さんは、ラミレス、マートンの前に打球が飛べば、何かが起きるかもと注目しておくのも面白いかもしれない。

私の記憶の中で歴代の名外野手をピックアップするとすれば、イチローと新庄《しんじょう》剛《つよ》志《し》だろう。二人共に守備範囲、打球判断、そして、プロ中のプロと惚れ惚れするような鉄砲肩があった。内野手の名手と言えば、牛若丸こと阪神の吉田義男さんが強烈な印象として残っている。私は倉敷工業高校からドラフト外で阪神に内野手として入団したが、初めて、よっさんの守備を見た時には、そのグラブ捌《さば》きと守備範囲の広さにたまげた。大袈裟ではなく守備範囲は、私とは5歩は違うように感じた。それだけ上手いのに、よっさんは、いつもボールとグラブを手放さなかった。暇があれば、甲子園の壁にポンポンとボールをぶつけては、跳ね返ってくるそれを巧みにシングル捕球しながらグラブ捌きを日々、磨いていた。名手の裏には必ず努力がある。

プロの守備は、捕って当たり前として見られている。ファンの方々だけでなくベンチも選手もそう思っているからミスをすれば目立つ。私の阪神でのプロ経験は6年間だけだったが、終生忘れることのできないプレーはどうしても失敗したシーンである。

1963年7月30日の甲子園での巨人戦。私は二塁手としてスタメン出場した。先発は、故・村山実さんで、無死一塁、バント作戦が有りの状況で、私は少し一塁寄りの守備位置をとった。打球は、ショートへのゴロ、ゲッツーを取れる打球だったのが、私はベースに入るのが、一瞬、遅れてしまい、よっさんからの送球を落球してしまったのである。ピンチが広がり、センター前へタイムリーを打たれ、その失点から負けてしまった。

私は、足と守備を買われて試合出場チャンスをもらっていたし守備には自信があっただけに、ムラさんには、申し訳ない気持ちで一杯だった。巨人戦には闘志をむき出しにしていたムラさんが、私がミスをした瞬間に見せたガックリと落胆した表情は、今でも忘れることができない。あの痛恨のエラーがあってから50年が経過しようとしているのに鮮明な記憶として脳裏に焼き付いたままである。

地味に見える守備の裏にそんな小さなドラマが、たくさん詰まってることを考えながら守備をチェックするのも、野球の観戦術のひとつだろう。

元阪神の盗塁王 赤星憲広の感性

〝スモールベースボール〟が叫ばれて久しい。

特にアウトをやらずスコアリングポジションにランナーを進めることのできる盗塁は、その成否がチームに勢いをもたらす大きな意義のある戦術である。

2012年度のセ、パの盗塁王は、楽天の聖澤諒《ひじりさわりょう》の54個と、中日の大島の32個だった。チームで見るとパ・リーグでは、ソフトバンクが144個で群を抜いている。本多雄一《ほんだゆういち》（34個）、明石健志（25個）、松田宣浩、長谷川勇也《はせがわゆうや》（共に16個）らが走った。2位が楽天の119個、そのおよそ半分は、聖澤というわけである。セ・リーグは、100を超えたチームは巨人の102個だけ。中日はチームで59個しかない。しかも、そのうち32個が盗塁王の大島が稼いだもの。ヤクルト、阪神、横浜も、のきなみ60個台。2試合に1個していないのだから、盗塁という武器はほとんど使えていない。

スコアラーはグランドで起きているすべての事象に事細かく目を走らせているので、当然、走塁に関してもチェックしてきた。特に一塁ランナーのリードや体重移動の後の重心の位置、盗塁を仕掛ける時の状況やカウントなど帰塁する時の傾向を注意深く炙《あぶ》り出した。読者の皆さんも、ぜひ盗塁、走塁というものに的を絞って目配りをしてもらいたい。

盗塁を見る上で、私たちが重要視したのは、足の速さは当然として、それにプラスして「走られる投手」と「走られない投手」に極端に分かれる点。味方側だと、それは牽制のクセを見破られているということであり、敵側だと牽制のクセを見破っているということである。投手の章で、牽制やクイックモーションについての話は書いたが、攻める側から考える我々のミッションは、投手の牽制のクセ盗みである。

聖澤は、2年連続50盗塁をした球界NO．1の韋駄天《いだてん》男だが、彼もクセをよく見ている。テレビ番組で、たった1試合でソフトバンクを退団した元メジャーの最多勝男、ブラッド・ペニーを3盗塁で潰したケースが紹介されていた。ペニーがバッターへ投げる時は首を一回縦に振り、牽制の時は、その首振りがないというクセを見破ってスタートを切ったという聖澤の盗塁の秘密を紹介した番組だった。だが、こんな単純なクセを出す投手は日本のプロ野球界には、ほとんどと言っていいほど存在しない。おそらく、すでに日本球界を去った選手で、マンガみたいにわかりやすいクセだったので、あえてテレビで暴露することを聖澤も許したのだろう。

ペニーのクイックモーションは1・40秒以上かかっていたので聖澤クラスのランナーならば無条件で走れるだけのことである。聖澤は、かなり低い体勢をキープしたままスタートを切ってスピードに乗る。走りに安定感がある。

ペニーのクセはパロディのようなものだが、牽制には必ずクセが出ることも確かで、何十個も盗塁を記録するランナーは、それぞれが、必ずスタートを切るための根拠（クセ盗み）を持っている。

スコアラー人生で足に記憶が残る選手と言えば、5回の盗塁王を獲得した赤星憲広だ。彼は、まさに〝走る天才〟だった。

「盗塁の前に情報収集をして頭を使って走る。そして大事なのはリードと決断」と、その極意を語っていた。赤星の言う情報収集とは、投手のクセであり、捕手の肩や、カバーに入る内野手のタッチ技術などであろう。しかし、彼に、こと細かくデータ提供を求められたことがない。赤星が、相手投手のクセを見つけるためにスコアラー室のビデオルームにこもっていたこともなかった。

彼は、よく「雰囲気でわかる」と言っていた。

「あの投手は背中のシワでわかる。表情や目線でわかる左投手がいた」というようなことをチラホラ聞いたが、細かいメモをノートには付けていたようで、おそらく赤星なりの感性の世界で察知するものがあったのだろう。

北京五輪前にヤクルトの宮本に「イチローさんのアドバイスは僕らの参考にはなりませんよ。だって感性が違うんですから」と聞かされたことがあったが、天才にしかわからない世界が確かにある。赤星は半歩リードを大きくしておいて、あえて牽制をさせてクセが出るのを見ていた。赤星は天才的な察知能力に優れていて、その情報を処理して、スタートや決断という実行に変える能力が素晴らしかったのだと思う。

阪神では選手の側から「この投手なら走れます!」というベンチへの逆サインがあった。あらかじめ「ランナーに出て牽制の癖の確認を取って行けるならば、サインを送れ!」と指示しておくのである。すると、「行けそうです。癖がありますよ」と逆サインを送ってくることが決して少なくなかった。

面白いもので、走れない選手の方が、投手が警戒心を抱かずに大きなモーションで投げてくるので癖が出やすい。

「足が遅いほうがバッテリーが油断しているから走れるんや」とノムさんもよく言っていた。足の速くなかった今岡誠《いまおかまこと》が逆サインを送ってきたことがあった。攻守交代でベンチに帰ってくる時に「スタートが切れそうです」。「よし確認して、行けるなら行こう」とコーチと会話をするわけである。それがベンチワーク。全員が興味を持つこと。集中することでチームに一体感が生まれる。

中日・大島洋平の大胆さ

現在、足が目に留まるのは楽天の聖澤、中日の大島、巨人の鈴木《すずき》尚広《たかひろ》、松本、ソフトバンクの本多雄一、松田、千葉ロッテの岡田幸文くらいか。

　大島はリードが大きく思い切りがいい。「失敗したら」というような戸惑いが見られない。盗塁には勇気が非常に必要になってくる。足の速い選手というのはプロ野球に入ってくるくらいだから少なくない。前述したが、阪神の鳥谷にしても直線ならば赤星なみに速い。しかし、盗塁ができる選手とできない選手に分かれてくるのはなぜか。結局は、走るという大胆さを持てるかどうかが大きな要因だと思う。

　そこにはチームの指導体制もあるだろう。監督、コーチが「失敗してもいいから行け！」と、どんどん背中を押せば、走るという空気が生まれる。プロ野球では走れる走者に対しては「行けたら行っていい」という「グリーンライト」と呼ばれるサインが多いのでなおさらである。阪神時代に、ノムさんが「なんで走らせるんだ。ミスしてはいけないところでなぜミスをした」と、ぼやき始めて、せっかく根付き始めた機動力が一気に沈静化してしまったことがある。そういうことなのである。

　欲を言えば、大島は、もっと早いカウントで走っておけば、続く2番打者が楽になるだろう。阪神で言えば、赤星は、次打者のことを考えて非常に早いカウントで仕掛けていた。

ソフトバンクの本多はスタートはそう速くない。彼の場合は決断力と加速だ。

昨季、23盗塁を記録したロッテの岡田は足は速いが、決断力は弱い。私がチェックした試合でのスタートは、「え?」と首をひねるほど悪かった。

こういう選手に対してはベンチワークが大きな後押しとなる。自由に行かせるのか。サインで縛るのか。岡田のように思い切りのない走者には、思い切ってサインで走らせた方がいいのかもしれない。伊東《いとう》勤《つとむ》新監督の積極性に加えてスコアラーがクセの起点を見つけてやる必要がある。そうすれば、走る決断を手伝うことにもなるだろう。そこの部分を伊東監督が、どう引き出すかに注目している。読者の皆さんは、今季の千葉ロッテの機動力がどう変わるかを見ておいて欲しい。

第7章

勝利チームの謎を解く

2013年の勢力図　巨人の圧倒的な力

この本が書店に並んでいる頃には、もう2013年のシーズンが開幕している。意外なチームが開幕ダッシュに成功するなど、何らかの波乱が起きているかもしれないが、私は優勝するチームには、スコアラーの視点から見て、3つの原則があると考えている。

① カモのチームは作るが苦手のチームは作らない。
② 接戦に強い。
③ 連敗をしない。

巨人の2012年のチーム別対戦成績は、対中日（11勝10敗3分）、対ヤクルト（11勝9敗4分）対広島（15勝8敗1分）対阪神（15勝5敗4分）対横浜（17勝4敗3分）であった。つまり巨人には、苦手のチームはなく、貯金をそれぞれ10、13も作った阪神銀行、横浜銀行というカモも作った。

接戦に勝つためには、ミスをしないことと、信頼できるストッパーが必要になってくる。そして、連敗をしないためには、勝利の確率がグンと上がる絶対的エースの存在がいる。

カモと苦手の相性は対戦してみなければわからない部分が多いが、これらの条件をチェックしていくと、②と③を満たしているチームは限られてくる。セ・リーグは、圧倒的に巨人だろう。円熟味が増している打線に加え、投手陣には即戦力の菅野が加わり、さらにチーム内競争が激しくなることになる。どの評論家も巨人を優勝候補に挙げているのはしょうがない。巨人に続くのは投手力が安定していて計算のできる中日。ただでさえ点の取れない打線から4番のブランコが抜けたことが不安だが、統一球と新ストライクゾーンの野球だから投手力のあるチームは大崩れしない。

ここに第二集団の広島、ヤクルト、阪神が、勢いさえつけば一気に優勝戦線に加わろうと腕を撫《ぶ》している。広島は未知数だが投手力は安定していて若手が伸びている。外国人の獲得には信頼すべき人脈と調査力があって、トップバッターとして期待されているフレッド・ルイスが活躍する可能性がある。また、ヤクルトは昨季、チーム打率リーグトップの打線に加えて、館山、石川という安定したエースを二人抱えているのが強味だ。阪神には、藤川が抜けた穴をどう埋めるかの宿題は残ったままだが、元々、投手力は安定しているのだから、福留孝介《ふくどめこうすけ》、西岡剛《にしおかつよし》の新加入した二人が、フル稼働すれば十分にAクラスに浮上する可能性があると思っている。

では、横浜だけが取り残されたのかと考えると、そうではない。今季の横浜には中日のブランコが新4番として加わる。1、2番に石川雄洋《いしかわたけひろ》、内村賢介《うちむらけんすけ》、荒波翔《あらなみしょう》が入り、3番に新外国人のモーガン、4、5番にラミレスとブランコがコンビを組むのは他球団の投手にとっては嫌な並びだ。1番に座る予定の石川は、昨季80試合にしか出ていないが打率・285を打った。足が速い。1、2番の出塁率が高くなれば、打線がまさに線としてつながり始め、ソフトバンクからカムバックした多村仁志《たむらひとし》、筒香あたりが、6、7番の下位に入って楽に打てば怖い打線にはなってくるだろう。

私は九州国際大付高出の捕手の髙城俊人《たかじょうしゅうと》に目をつけている。バッティングはまだ真っ直ぐしか打てず拙《つたな》いが、リード面は落ち着いていて、怖さ知らずの内角攻めができる度胸がある。配球は、基本、その投手の得意球を中心に組み立てているが、偏りはなく、高卒2年目とは思えぬ素質を感じる。

だが、いかんせんピッチャー陣が不安すぎる。中日からソト、ソーサという二人の外国人投手も加わったが、先発には三浦大輔、高崎健太郎《たかさきけんたろう》くらいしか名前が出てこない。

21年目のベテラン三浦は球種が多彩で、どの球種もコントロール精度がいい。そこに頭を使って裏をかく憎らしいような配球術をプラスさせて、25試合に先発、投球回数182イニング2／3で9勝9敗、防御率2・86の成績は立派と言いたいところだが、9敗していてはチームに貢献したことにはならない。エースと呼ばれる投手ならば、いかに負けないかが大事なのだ。これが勝てないチームの現状ではないだろうか。今年上積みを期待するのは難しい。また、ストッパーの山口俊《しゅん》は、大事な役割を任されるようになって4年目。軸のボールはストレートとフォーク、力で抑えるタイプのストッパーだ。しかし、弱いチームの悲哀とも言えるが、接戦の経験が少なく、修羅場でどれだけの結果を出し続けられるかは、まだ未知数である。

これらを考慮すれば、横浜は今季もまた苦しい戦いを余儀なくされるのだろう。

私の順位予想は、我が愛すべきチームへの期待も込めて、巨人、阪神⇕中日⇕広島⇕ヤクルト⇕横浜となる。

ソフトバンクの優位と楽天の逆襲

続けてパ・リーグの２０１３年の勢力図を考えてみよう。２０１２年は栗山日ハムが優勝したが、日ハム、ソフトバンク、西武の３チームは、ほとんどチーム力に差はなかった。最後はチーム力というよりも１試合１試合の機微やチームの状態、勢いの差だったのだろう。

オフの補強の動きを見れば日ハムに不安がある。糸井を放出、田中賢介《たなかけんすけ》をＦＡで失ったことと、私が２年目のジンクスに陥るという予感がある吉川への心配である。前述したが、私は４拍子揃った糸井は、イチローに匹敵するポテンシャルの持ち主だと評価している。それほどの中心選手がいなくなるのだ。せっかく育ちかけた４番の中田翔も今季は死んでしまうかもしれない。

西武も安定感のあるチームだ。伝統の投手陣に加え、点を取りにいくことも考えていて大きく崩れない。投手と野手のバランスもよく、おかわり君以外は走れる。ただ、中島の抜けた穴がどう影響するかが計り知れない。彼は、「３番ショート」のポジションだけでなく、リーダーシップを持った選手だった。私がストッパー適性のあると考えていた涌井が先発に回るが、代わりの抑え候補が、故障で2012年は働けなかった広島のサファテかハンカチ世代の大石となると、少し心もとない。

　その2チームに比べて、ソフトバンクは、新4番候補として昨季メジャーの球宴出場を果たした大物外国人のブライアン・ラヘアーを加え、投手陣には、FAで計算の立つ寺原隼人《てらはらはやと》、メジャー帰りの五十嵐を補強した。攝津、大隣、武田、山田大樹《やまだひろき》と先発の頭が4枚揃っているのも心強い。そう考えるとソフトバンクが優勝候補か。

　オリックスも2012年は、優勝のできる戦力を整えていた。

　シーズンを前に岡田監督は、「今年は絶対に優勝できる」と自信を持っていた。不在だった4番は、韓国の至宝、李大浩で埋め、ピッチャーにはメジャーで燻《くすぶ》っていた元阪神の井川慶を補強。準備は万端のはずだった。それが、坂口智隆《さかぐちともたか》が故障、計算していたエースの金子千尋《かねこちひろ》も怪我でダメ。最後まで戦力が揃わずに連敗を重ねた。連敗は、エースと呼ばれる勝てるピッチャーがいなければ止まらない。

　岡田監督は、なんとか現状を打開したいと考え、遠征中に一度、後藤光尊《ごとうみつたか》、北川博敏《きたがわひろとし》らチームの中心と考えている3人をホテルの部屋に呼んで腹を割って話をした。

すると彼らは「監督がコーチを怒るので萎縮して打てない」と言ったという。とてもプロの言動とは思えないが、勝てないチームはこんなものなのだろう。

岡田監督の辞めさせ方も最悪だった。阪神で数々のお家騒動で監督がチームを追われたケースを見てきたが、監督が一度球場に来てから、途中解任を言い渡され、そのまま指揮も執らずに引っ返すなんて事態は聞いたことがない。岡田監督に対しても、失礼きわまりない行為だし、第一ファンに対して説明不足も甚だしい。この事態を見ただけで、オリックスが組織の体をなしていないことがよくわかる。

しかし、森脇浩司《もりわきひろし》監督を内部コーチから監督に昇格させると、さらに12球団で一番と言っていいほどの大型補強を仕掛けた。トレードで日ハムから糸井と八木智哉《やぎともや》、巨人から東野峻《とうのしゅん》、FAで阪神から平野恵一《ひらのけいいち》、FAで出ていった寺原隼人の人的交換でソフトバンクからかつてのストッパー、馬原孝浩《まはらたかひろ》を獲得した。

特に糸井の存在が大きい。糸井がクリーンナップに入ることで李大浩へのマークにスキが生まれ、二人は相乗効果を生み、得点力は確実に増すだろう。故障が原因で低迷していた馬原の復活には疑問符は付くが、故障者が出ずに彼らがフルに働けばAクラスに入っている可能性は十二分にある。

ロッテは、ドラフト以外の戦力補強は自由契約で巨人から獲得したゴンザレスくらいで、大きな変動はなかった。ベテランにはプラスアルファはない。逆にマイナス10～15％に考えておかなければならない。期待されるのは、西武で２００４年から４年間指揮を執り、１回の優勝を含むＡクラスに３度チームを引き上げた伊東勤新監督の手腕と、斎藤明雄《さいとうあきお》投手コーチや川崎憲次郎《かわさきけんじろう》ブルペンコーチ、小谷正勝２軍投手コーチら計９人が新加入したスタッフの大幅入れ替えによるチームのムードの変化が起こす刺激だろう。野球は選手がやるものだが、停滞した空気が変わるだけで化学反応は起きる。投手陣は若いだけに、藤岡、唐川侑己《からかわゆうき》らが、さらに飛躍すれば面白い。

そして、私がダークホース的な存在として評価しているのが楽天だ。

２０１３年の勢力図を考える時に私は楽天の存在が気になって仕方がない。

投手陣は、マー君という球界を代表するような絶対的エースがいて、そこに成長度の大きい若手が揃っている。昨秋の倉敷でのキャンプを覗きに行った時、楽天のブルペンには釜田とともに勢いのある若い投手が並んでいた。

「このピッチャーはええですね？」

顔と名前が一致しない私は、秋季キャンプで一人の左腕が目についた。

星野監督は、ちょっとあきれた感じでこう言った。

「三宅さん、勉強不足や。今季８勝しているピッチャーだよ。もっと勝つよ」

２００８年オフに福岡の飯塚高校からドラフト６位の下位で入団した辛島航《からしまわたる》投手だった。２０１２年は、夏以降、ローテーションに入って８勝５敗、防御率２・５３の成績を挙げている。球離れの良い球には、うっとりするような素晴らしいスピードとキレがある。釜田以上のボールが来ることもある。それでもまだ技術が伴わないので、３球投げると、良い球は１球で後の２球は抜けた球。たまたま良い球が２球続いても３球目には抜けてしまう。それでも星野監督、佐藤義則《さとうよしのり》投手コーチのコンビは、しっかりと投げ込みをさせる方針を貫くから、数多く投げ込んでいるうちに余分な力が抜けて良い球が多くなってきた。

その隣にもう一人目を引く投手がいた。

２００７年のドラフトで茨城の常磐大学高校から４位で入団した４年目の菊池保則《きくちやすのり》

である。甲子園出場経験はない。２０１２年の終盤に４試合に先発して１勝１敗に終わったが、星野監督が期待を寄せる若手の一人。上背はないが、腕の振りが鋭く、ストレートは１４８キロの威力。即戦力のドラフト１位選手と勘違いするほどの輝きがあった。

カーブのキレ味も鋭い。

しかし、ピッチング練習を見ながら気になることはあった。素晴らしいストレートがあるのに、すぐに変化球を織り込んで楽をしようとするのだ。私が、思わず笑っていると星野監督が見透かしたように言う。

「真っ直ぐが少ないと思ったんでしょう?」

「はい、そうですなあ」

「今の子は、しんどくなったら、すぐ変化球で楽するんですよ」

確かにカーブの曲がりも大きいが、秋季キャンプの時期なら、なおさら指にかかったストレートが、狙ったところに70％は集まるようになるまでは、投げ込んで安定したリリースポイントの感覚をつかんで欲しい。

星野監督は菊池に声をかけた。

「おまえの軸の球はなんなんだ？」

「真っ直ぐです」

「じゃあ、真っ直ぐを投げんかい！」

そう怒られて菊池は、ストレート主体の投げ込みに変えていたが、まだ22歳。下半身ができてきてストレートのムラがなくなると、もっと成長するだろう。

期待の投手はまだいる。2012年の新人王を益田、武田翔と争ったのが美馬学だ。身長は169センチというチビッコ投手だが、ストレートは140から147キロでキレがある。

彼の良さはインサイドを攻めることのできる強いメンタルだ。左の図を見て欲しい。2012年の7月11日の対オリックス戦で、李大浩を3打席完璧に封じたものである。インコースを意識させて最初の打席では、高目の141キロの釣り球でスイングアウトの三振。キレがあるから手が出たのだろう。二打席目はカーブから入って、最後はインハイのシュートで見送りの三振。2打席、徹底してインサイドを攻めてい

美馬vs李大浩の３打席（2012年７月11日、楽天対オリックス）

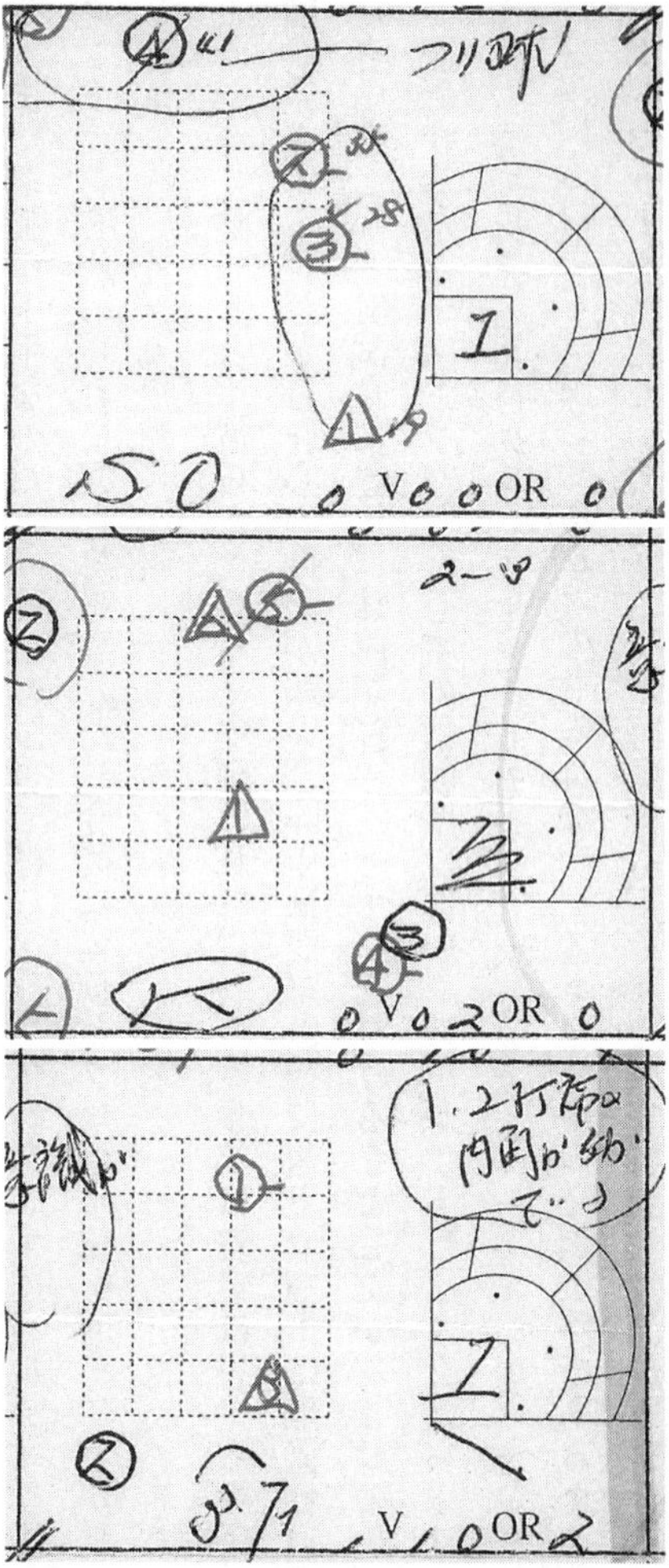

１打席目はインハイの釣り球で三振、２打席目は２球目にインハイへ。これらの内角球が李に残像として残った

るから二塁に走者を置いた七回のピンチでは、その伏線が効いて低目のカーブで、ファーストファウルフライに打ち取っている。しかし、ピンチではコントロールが甘くなる。また牽制が下手なのだろう。この試合では、1球も牽制をせず、バルディリスにエンドランを決められて同点打を許した。今後は経験とプロの小技を磨くことが課題だろう。

こうやって眺めると、彼らが、もう一皮剝ければ、向こう5年は安泰に思える投手王国が完成する。しかし肝心の抑えが弱い。昨年は開幕直後にストッパーに配置転換した青山浩二《こうじ》が、61試合に登板、球団記録の22セーブを挙げるなどしたが、4つの負けを記録するなど、ストッパーとしての信頼度は薄い。ストレートは142から146キロ。力で抑えるだけのスピードとキレがなく、スライダー・フォーク（チェンジアップ）にも打者に意識させるだけのものはない。ストッパーの必須条件であるウイニングショットを持たないのである。星野監督も、そこを不安に感じてメジャー帰りの大ベテラン、斎藤《さいとう》 隆《たかし》を獲得して後ろを分厚くした。

「この2年は投手力の整備に力を入れた。ある程度、そこにはメドが立ったので、今年は点を取る方や」

星野監督は、さっそく8年前にはヤンキースで2年連続で40本塁打、125打点を記録しているメジャーの大物、アンドリュー・ジョーンズを獲得するなど補強策に手を打った。投手力が安定しているだけに長丁場のペナントレースを戦う中で大崩れはしないだろう。星野監督は、中日で2度、阪神で1度監督に就任しているが、3年続けてBクラスの経験はない監督である。ずいぶんと丸くはなったが、闘魂は、今なお衰えを知らない。私は案外と楽天がダークホースだと睨んでいる。

それでも順位予想を表にするならば、日ハム⇕ソフトバンク、西武⇕楽天⇕オリックス、ロッテという順番だろうか。混パ熱パという言葉があるが、日ハムからオリックスまでは、どんなシャッフルが起きてもおかしくないとも思う。

第8章

阪神タイガースの謎を解く

阪神タイガースは暗黒時代に舞い戻ったのか

阪神の低迷は深刻だ。ノムさんは「阪神タイガース暗黒時代再び」（宝島社）というタイトルの本を出したが、私もまったく同意見。楽天の星野監督も「フロントも含めて改革をしたのに、それらの阪神が強くなった時の財産がひとつもなくなってしまっているやないか」と、わずか4年の没落にあきれていた。

阪神は、本当に暗黒時代に戻りつつあるのか。

最後の章は、スコアラー式プロ野球観戦術とは、少し逸脱するが、我が愛するタイガースについての話なので、ご勘弁して読んでいただきたい。2011年の秋に私は阪神がキャンプを張っていた高知の安芸に出向き、和田監督と話をした。和田監督は、私にデータ利用の重要性を説き、「優勝できるチャンスは十分にあります。それにはもうひとつふたつプラスしなければならない。それは何か。細かい部分の上積みであり準備するということでしょう」と語った。

データ野球の真髄を教えてもらうことになったノムさんは、「野球は理を持って戦え、常に問題意識を持ってプレーせよ。情報は最大限生かせ」と、ことあるごとに熱弁していた。つまり、データ野球とは準備の周到さである。そこを和田監督はわかっているのだと感心していた。彼はプロ野球選手として決して恵まれた肉体や運動能力を持っていたわけではない。1988年からレギュラー抜擢され、1番や2番、チームが困れば3番も打ち、1993年にはリーグ最多安打記録を作った。チームの低迷期に自分を見失わなかった。私は、そんな和田監督だからこそ、プラスアルファを見せてくれると期待していた。

和田監督は、考える野球、機動力野球を標榜していた。

秋のキャンプではバントゲームなど細かい野球をやっていて、「これはいいぞ」と期待に胸を膨らました。私は、彼に「結果が出なければ責任を取らされるのだからフロントに遠慮せず要求をして、やりたいような野球をやれ！」というような手紙を書いた。しかし、和田阪神の1年目は、悩み迷い苦しいシーズンになった。

日替わりで打線は変わった。故障で捕手ができなかった城島健司やブラゼルら、いくつかのポジションが重なり、とても機動力など使えない布陣を余儀なくされた。戦力がこれでは、やりたい野球もできなかったのかもしれないが、和田監督が、私に言っていた野球の姿は、どこにも見えなかった。

データを生かしきれなかった。

相手ベンチからすれば、見え見えのことをやりすぎた。大胆な作戦がなく、相手を疑心暗鬼に陥《おとしい》れるようなシーンが少なかった。和田監督の采配は、ある時期から、固定化した。どんな状況でも確実なバントを選択していた。投手陣が、整備されていて防御率もリーグ3位にいるくらいだから、その長所を背景に、とにかく1点を取りにいこうとした意図はわかる。だが、戦術を固定化してしまうと、「阪神はバントしかない」と、相手ベンチに見すかされ、思い切ったバントシフトを敷かれ、プレッシャーをかけられる。投手への心理的揺さぶりもかけられない。

投手には、バントを防ぐためのピッチング論というものもあって、プロの世界はバントとわかっている相手に簡単にやらせてもらえるほど甘くはない。和田監督は平気で4番にもバントのサインを出したが、普段から、ろくにバント練習などの準備もしていないクリーンナップにバントのサインを出す方が間違っている。成功の確率が低くなるのも無理はない。

ノムさんは、ゲームの勢いと流れを止める3大要素として、「バントの失敗」、「走塁ミス」、「ボーンヘッド」を挙げていた。本来ならば、キツネとタヌキの化かし合いのようなベンチワークで錯乱させねばならなかったが、逆にゲームを止めるようなことばかりが目立った。采配に、ひとつも和田カラーが出なかった。

昨季は、藤川につなぐ1、2イニングに信頼が置けないから先発投手をもう1イニング引っ張って何度か失敗した。たまたま0点で抑えているのか、まだ球威が衰えていないのか、その見極めができていなかった。ボールは低目には来ていて、空振りも多いという1イニングと、三者凡退には終わったが、たまたま相手が打ち損じていただけの結果論の三者凡退もある。そこを見極めずに「ブルペンが不安だから」の理由で、1イニング、2イニングと引っ張れば、失敗する。つまり、監督と投手コーチに見る目と信念がなかったのだ。

2012年7月18日の対巨人戦のメッセンジャーなどは、その典型だろう。6回で111球を投げていたが、7回も続投させ、そこでつかまった。9月28日のヤクルト戦でも岩田稔《いわたみのる》に8回のマウンドに上がらせて、続投が裏目に出た。

投手コーチだった藪恵壹《やぶけいいち》は、メジャー経験があって知識は豊富だろうが、一軍コーチは初体験。和田監督も投手交代を采配するのは初めてだ。最終的には和田監督が決断していたのだろうが、そこに藪投手コーチの意見はどう反映されていたのか。本来ならば経験豊富な有田修三《ありたしゅうぞう》ヘッドコーチが意見すべきであっただろうが、この人の存在感も薄かった。長い間、現場を離れすぎていた。経験のある黒子となって和田監督をカバー、選手のモチベーションが落ちないような裏仕事もせねばならなかったポジションだが、外からは何もしていなかったように見える。コーチングスタッフを組んだ段階で、こういうことが起こりうる危険性は十分に予期できただろう。

「JFK」というものを作り上げた岡田監督は、どれだけ先発投手の内容がよくとも勝ち試合の7、8、9回は「JFK」に任せた。評論家の小山正明さんからは「三宅、なんでや。先発がええ時は、あと1、2イニング引っ張ってええやろ」とよく文句を言われたが、岡田監督には、信念と哲学があった。

指揮官には、そういうものが必要なのだ。

負ければ監督が責任を取らされるのである。好きなようにやればいいのに、厳しい見方をすれば、和田監督はフロントに気を使いすぎ、調整しすぎだった。上にいい顔を続けていただけの野球に見えた。

強いリーダーシップが見えなかったのである。

ベテラン勢が多くやりにくかったのか。ならば若手だけを集めて、毎日、ノムさんのようにミーティングをして野球を教えてやればよかったではないか。

マートンが無気力なプレーや、「I don't like Noumi」と発言してみたり、コーチの関川浩一《せきかわこういち》に逆ギレするなど多くの問題を起こした。指揮官としてガツンと怒ればよかったのではないか。指揮官は現場のすべてに責任を持って掌握しなければならない。

マートンのような選手がチームの害なのである。特に守備はひどい。送球はしないし走らない。ただ、打つだけの選手だ。

ランディ・バースのように40本塁打、100打点以上記録するならば守れなくとも構わない。それが昨季は打率・260で打点はわずか38。3年前の来日時は、イチローを抜き214安打の最多安打の日本記録を樹立して打点も91を挙げたが、わずか3年で成績は半分近くに凋落《ちょうらく》した。マートンは、今季が2年契約の2年目だから切れなかったのだろうが、星野監督や岡田監督ならば、迷わず次の手を打つことをオーナーに直訴しているだろう。

阪神フロントへの警鐘

再び官僚体質に戻りつつあるように思えるフロントにも警鐘を鳴らしておきたい。2012年のシーズン途中に球団初のGMを設置。私が監督時代から旧知のかっちゃんこと中村勝広氏が就任した。さっそく、ドラフトやFAと戦力補強に動いていたようだが、そこに新鮮さとダイナミックさはない。

拙書『虎の007―スコアラー室から見た阪神タイガースの戦略―』（角川マガジンズ）で私は、「阪神のフロントは、現在、見違えるように変革している」と書いた。確かに、これまでは、負けた責任をずっと監督に取らせていた。故・村山実、中村勝広、藤田平《ふじたたいら》、その次の吉田義男までは「監督が悪いから負ける」という思考だった。しかし、ノムさんの時代からフロントの考え方に大きな変化が生まれた。ノムさんが、故・久万俊二郎《くましゅんじろう》オーナーとダイレクトに対話したことが大きなきっかけとなった。これまでのタイガース生え抜きの監督では、どうしてもオーナーと堂々と喧嘩できる人がいなかったが、ノムさんは久万オーナーを激高させるほど、ズバリと阪神の問題点を指摘した。これまでは電鉄の最高トップは、「負けた責任は監督が取ればいい。監督を代えればチームは強くなる」というお粗末な考えで凝り固まっていたが、ノムさんは、3時間以上の直接会談で、チームの育成、編成、管理などのフロントの仕事の重要度を滔々《とうとう》と訴え、考え方を変えるきっかけを作った。

ノムさんの与《あずか》り知らないところでフロントからオーナー、本社に開幕前にレポートが提出されていたという。そこにはピッチャーの誰が何勝、誰が何セーブ、バッターの誰が何割、誰が何本塁打打つから、優勝を狙える戦力だというような粉飾とも言える報告が書かれていたらしい。その内容はとてもお粗末な分析で、それを阪神の総帥がインプットしていたのだから、現場との違和感が生まれ、「低迷しているのは監督のせいでフロントは悪くない」という阪神の体質のようなものが出来上がっていたのである。電鉄から出向してきたプロ野球界に縁のなかったフロントの人間が、負けた場合の責任をすべて自分たちではなく監督に押し付けていたのだ。まるで官僚のような体質である。

しかし、ノムさんが、直談判して以来、裸の王様状態だった久万オーナーも、フロントに問題があることに気づき始めた。ノムさんや次の監督の星野監督や岡田監督もオーナーと直に話をして、それが下に降りてくるという新しい意思決定のシステムが阪神に生まれた。これまでのように、その途中にいる中間管理職のフロントの人間が、無責任でいい加減な行動をしているわけにはいかなくなったのである。

ノムさん、星野監督と続く5年間で、スカウトなど編成のメンバーも大幅に変わった。その効果は大きくてドラフトやトレードでの大失敗が少なくなってきた。ノムさん、仙さんという二人の大物外様監督の外圧で阪神のフロントは、大変革を果たしたのだが、真弓《まゆみ》、和田監督の体制が続いて、また揺り戻しが起こりつつある。

福留孝介、西岡剛の大型補強への疑問

野村、星野、岡田監督らが、直接、オーナーと意見交換をしていた時はフロントと現場に一体感が出て編成も機能していた（ノムさんの時は結果が出なかったが）。それ

が、〝優等生〟真弓監督が、就任すると、再び決定権を持つ人、つまり金を出すオーナーと現場のホットラインは切れて、強いフロント主導の組織となった。優等生らしく組織の筋を守ったのである。真弓は性格的に、そのフロント方針に断固とノーと言えず、フロントの言いなりになったのだろう。そんな頼りないリーダーシップに選手も違和感を覚えた。この図式は和田監督も同じだろう。皮肉なことだが、現場とオーナーの間にきちっとフロントが入ると一気に弱くなったのである。

本来あるべき組織の形に戻した途端におかしくなる。このことは何を示しているのか。フロントにいかに適材が置かれていないかを如実に示しているのではないか。

そもそも阪神の球団フロントの社長、代表クラスに「野球を知った人」がいない。幹部は阪神電鉄からの出向社員である。「野球を知っている」とは、何もルールに詳しいことや監督や選手と親しいことではない。

監督やコーチのマネジメント力や指導能力を的確に判別でき、選手個々の実力、能力、将来性、そして強いチーム作りの短期、長期のビジョンをきっちりと描ける人間のことである。プロ野球出身者が社長や球団代表などのフロントの責任ある立場にいないことが、ずっと現場からは問題視されていた。だから現場監督とオーナーとのホットラインが途絶えた途端に、再び訳のわからぬ編成、補強が始まり、和田新監督を迎えるにあたっては、FA補強などの大型補強はゼロだった。

シーズン中にチームはガタガタになっていたが、某フロントマンは「現有勢力でやってもらう」とメディアに発言していた。本来ならば「ここが弱いからなんとか補強したい」と考え、そう発言し実行するのが、プロ球団の姿ではないだろうか。おそらく頭のいい南信男《みなみのぶお》球団社長は、そこを埋める意味で球団史上初めてGMというポジションを作り、中村勝広氏を就任させたのだろう。その着眼点は間違っていないと思う。

私は、中村GMとはスコアラー時代から旧知の仲だが、本来は調整型の人物である。GMには先見性と決断が必要だ。しかも、その決断に責任を持たねばならない。阪神OBを見渡してみても、なかなか適材はいない。お上の顔色ばかり見るGMならば、これまでの組織となんら変化はないだろう。

中村GMが、オフの補強でどれだけのリーダーシップを執っているのかは、不案内だが、今回の戦力補強を手放しに喜べない。

西岡剛と福留孝介。メジャー帰りの超大物野手を二人も獲得したが、過去の名前だけに囚《とら》われたつぎはぎだらけの補強に思えてならない。若い選手の芽を伸ばしつつ、不足した部分を補強で補うべきで、ポジションをダブらせる補強と競争を履き違えてはならないと思う。確かに2012年度は、投手陣は安定していた。フロントは「補強は打線だ」と短期ビジョンを描いたのかもしれない。だが、本来ならば、西岡、福留の獲得の前に藤川の抜けたストッパーの補強に全力を向けるべきだったのだろう。元ヤクルトで、メジャーでプレーしていた五十嵐亮太の獲得には動いていたようだが、結局、肝心の人は、ソフトバンクにかっさらわれている。

福留は、2012年のシーズンはホワイトソックスでスタートしたが、故障が原因で解雇、その後はヤンキース傘下の3Aでプレーしていたそうだが（39試合に出場して打率・276、2本塁打）、最新の状況を誰かがしっかりとチェックしていたのだろうか？　楽天は、星野監督が就任と同時にメジャーから岩村明憲《いわむらあきのり》と松井稼頭央《まついかずお》の二人を獲得して凱旋させたが、松井は国内野球のカンを取り戻すのに1年を要し、岩村はほとんど活躍することなくチームを去った（今季からヤクルトに復帰）。星野監督は「岩村の膝があそこまで悪いとは思わなかった。調査不足だった」と、反省していた。海外帰りの選手には、大金を払いながらも、そういうリスクは伴うのだ。

西岡は2012年はマイナーでスタート、右足首の捻挫などの故障で苦しみ、途中メジャーに昇格していたが、故障の回復具合などは大丈夫なのだろうか。

藤川に続いて、144試合の戦いにおいて欠いてはならないユーティリティプレイヤーだった平野もFAで退団。福留、西岡のビッグネーム二人の獲得よりも失った戦力の方が大きいと思う。私は、城島が来たことで、たった1年で矢野が自由契約となったことを思い出した。

矢野は、肩やヒジの故障が深刻でプレーのできない状況にあったという。様子を見ながらならば、もう1、2年はできなかったか。私が矢野の引退をもったいなく思ったのは、ノムさんの教えを吸収して試行錯誤しながら結果につなげるまでに吸収、会得していたからである。その頭脳は必ずチームの財産となるからである。

ヤクルトには、今なおノムさんから継承されたID野球、考える野球の痕跡がある。いわゆるそれが伝統というものだろう。ノムさんが辞めた後も、残ったコーチが、そのままID野球を実行している。その恩恵を受けた宮本などもIDをうまく使う。ノムさんに教えこまれた橋上が巨人でコーチとして、それをチームに注入したのも象徴的だ。そこが阪神との大きな違いで阪神にはノムさんから教えられたものの継続がない。私は盲信的な野村信者でもなんでもなく、ノムさんは外国人問題で息子を噛ませたり、サッチーが何かと出てきたり、〝ぼやき〟で今岡誠や新庄剛志らのモチベーションを殺《そ》いで選手も潰した。だが、我々スコアラー陣はノムさんの教えで真のスコアラーの仕事を学んだ。なのに現在の阪神の野球を見る限りバッテリーも野手もデータをプラスアルファとして使えているとは言い難い。

ヤクルトとの違いを考えると、どうしても監督が交代するたびにコーチ陣が入れ替わってしまうという阪神の悪しき伝統と、矢野の早すぎた引退にいきあたるのだ。阪神だけではなく、プロ野球ではチームが弱くなると選手が自分のことしか考えなくなる。そういう流れを断ち切るのが、チームの伝統と継承なのである。

今季オリックスから移籍してバッテリーコーチに就任した阪神OBの山田《やまだ》勝彦《かつひこ》は、

楽天ではノムさんの下でコーチをやっていた人物。彼がどれだけデータを利用してバッテリーの配球術を強化してくれるかに期待はしている。

2013年の阪神の〝ないない〟づくし

哀しいかな今季の阪神は〝ないない〟づくしである。福留、西岡に、新外国人のブルックス・コンラッドが加わる新打線が爆発してくれれば、優勝争いに参加する楽しみはある。だが、阪神OBゆえに厳しい目で採点すると、肝心ないくつかのピースがない。まず、金本知憲が引退して、彼が阪神に来た時のように他のナインを引っ張っていくチームリーダーがいない。WBCで輝いた鳥谷も、どちらかと言えばマイペースタイプ。

肝心要の4番がいない。新井なのか、福留なのか、新外国人のコンラッドなのか。新井は2008年の北京五輪の日本代表チームで4番に座った頃と、まったく内容が違っている。当時は、ライトへホームランを打てていたが、今は、外の変化球にからっきしだ。インサイドを意識させて外にスライダーを投げておけば、まず安全。

元々、外の変化球に弱かったが、右に打つことを捨てて強くスイングすることを意識した打撃改造に取り組んでからおかしくなった。

全試合を分析したわけではないが、私がチェックした試合のチャートを見ていると、凡退のほとんどが打ち損じである。原因はフルスイングをしすぎていること。チームに負けが込んでくると、なおさら、〝つなぐ〟という意識は消え、どんどん自分本位になっていくから、さらに大きいのを狙ったり、人からの意見に聞く耳を持てなかったりと悪循環を始める。

そしてキャッチャーがいない。

去年は、引退した城島が故障のためにキャッチャーができずに藤井彰人《ふじいあきひと》が正捕手に座ったが、その藤井が怪我をするアクシデント。小宮山慎二や日ハムからトレードで獲得した今成亮太《いまなりりようた》を使ったが、リードは稚拙だった。FAでオリックスから日高剛《ひだかたけし》を獲得しているが、岡田監督がリードを酷評していた選手だ。今季は、藤井が正捕手なのだろうが、彼もベテランだからプラスアルファは期待できない。将来を考えると捕手難の不安は解消されていない。

キャッチング、リード、バッティングの3拍子が揃った総合力のある捕手を求めるのは簡単ではない。それほどの大物捕手は10年に一人だ。まずはキャッチング、捕球術、リード、肩の4つだけを鍛えれば、バッティングは二の次でいい。巨人では、阿部が故障でいなくなった時、シリーズでも平気で若い選手にマスクをかぶらせた。選手は使わなければ育たない。二軍で殺してしまっていては意味がないのである。

チーム内に競争力がない。

ベテランの桧山進次郎《ひやましんじろう》を追い抜くような代打の切り札はいるか？　鳥谷を脅かす内野手はいるか？　外野手もセンターが大和《やまと》では弱い。2年目となるドラ1の伊藤隼太《いとうはやた》が本来ならば、このポジションを奪っていなければならない。

森田一成《もりたいっせい》という23歳の内野手がいる。私と同郷の岡山、関西高校出身の選手なので気にかけていた選手だ。２０１１年に、プロ初打席となる代打で本塁打を放ち、そのドラマ性も含めてニューヒーローの登場と注目を浴びた。その年の暮れにたまたま会う機会があったので、「来年が一番大事やでえ。本当の勝負。そこで、成功するかどうかはオフの過ごし方にかかっている。イベントで小銭を稼いだりゴルフを楽しむことよりも今こそバット振り込むことなんだぞ」と年寄りの小言を言った。森田は、ゴルフやサイン会などの行事が2つ、3つはあると言っていた。結局、森田は、2012年のシーズンは、わずか11試合に出場したにすぎなかった。巨人の坂本は、オフを利用して、ヤクルトの宮本に弟子入りして守備の極意をつかんだ。オフにこそ銭が落ちている。

森田は、昨年オフに、オリックスのスラッガー、T－岡田に弟子入りしたようで、ようやく何かを感じ始めたかと見ているのだが、危機感を持って24時間、努力を怠らない選手が阪神には何人いるのだろう。

そして最大の不安はストッパーがいないこと。

阪神の一番の補強ポイントは、藤川の穴埋めを考えることだったと思う。これまで数年の契約更改の様子から、海外ＦＡ権を得た藤川が、阪神を出てメジャー挑戦するという構図は容易に予測できたのだから、ここにこそ早目に手立てを考えておくべきだったと思う。

フロントは一体何をしていたのか。業務の怠慢だ。

藤川の代役となる新ストッパーには、久保康友《くぼやすとも》が指名されたようだが、優れたストッパーには、いくつかの条件がある。

①崩れないコントロール　②ストレートの球威　③三振を奪うことのできるウイニングショット　④ピンチにびくともしない度胸である。

②と③については、どちらか秀でたものがあればいいと考えるが、この条件と照らし合わせてすべてを満たしているストッパー候補が藤川の抜けた阪神にいるかどうか。結論から先に書くと、今の阪神に、それらの条件を満たした投手は見当たらない。

久保は、確かに制球力はあるが、コントロールミスが多い。ストッパーとして致命傷となるポカが多いのだ。加えて、去年で言えば、いいボールと悪いボールがハッキリしすぎていた。ベストの状態では147キロを超すストレートを持っているから球威には文句はない。では、三振を奪うウイニングショットと、肝心の度胸の面ではどうだろう。左打者に対する相性はどうだろう。そう考えると、あくまでも消去法のストッパー抜擢で不安が残る。そして、さらに心配なのは、久保の前の中継ぎ陣である。ここが不安だから昨年は先発を引っ張って失敗した。

〝ないないづくし〟のラストは真のエースがいないということである。

能見、岩田、メッセンジャー、スタンリッジの４人が、今季もローテの軸となるのだろうが、昨年の開幕投手で勝ち柱だった能見を絶対的なエースと呼べるかどうか。もちろん打線との絡みもあるが、防御率は２・４２ながら10勝10敗で貯金を作れなかった。巨人の杉内は10の貯金を作った。貯金を作れるのがエースと言える。

その意味では真のエースは、まだいない。

能見は、左腕だが対右打者をそう苦にしない。２０１２年の奪三振王で、そのほとんどをフォークで奪っている。抜群のウイニングショットを持っている。コントロールの精度はよくなっているが、立ち上がりが不安で、配球面では、内角と高目がまだまだ使えていない。打線が点を取ってくれないならば、とことん粘り強く辛抱のピッチングを続けるというメンタルの強化も課題だろう。

オフに中西清起投手コーチと会う機会があった。彼は「若手にどんどんチャンスを与えたい」という考えを持っていた。大賛成である。若い子に計算は立ちにくいが、思い切って先発の谷間、もしくは、5人目、6人目の先発に入れていけばいいと思う。

期待の候補としては、岩本輝《いわもとあきら》、秋山拓巳《あきやまたくみ》、歳内宏明らか。

昨季終盤、先発のチャンスをもらって2勝した20歳の岩本輝は、南陽工業高時代に甲子園で活躍した2010年のドラフト4位。ストレートは142、143キロ程度で、ボールは速くないが、腕がしなるし球持ちが良くてキレがある。技術も体力もこから上積みしていかねばならない年齢である。今の段階では、テクニックに走らずにスピードとキレにこだわるべきで、下半身が安定してバランスがよければムラもなくなってくる。

四国の西条高校からドラフト3位で入団、そのルーキーイヤーの後半にローテーションに食い込み4勝した秋山拓巳も、2年目、3年目と開幕から先発陣に名を連ねることはできなかった。独特の腕の振りと、角度のあるボールでポテンシャルは高いが、いいボールと悪いボールがハッキリとしすぎている。

加えてボールが隠れない投球フォームで、ポンと上の方からリリースしてくるので、ほとんどの打者はタイミングが狂わず、たとえ、きっちりとコースを狙っても簡単に見極められる。カウントを取るボールはいいのだが、空振りを取れるボールはなく、そこから先の配球が真ん中に寄る、もしくは、球威がなくなる。つまり勝負球が決まらないのである。

例えば289ページのチャートを見て欲しい。昨年9月16日の対巨人戦。初回につかまり一死一、三塁で阿部をカウント3—1からフォークで勝負にいきファウルとされ、続くインコースへのストレートを詰まりながらも右翼線へのタイムリーツーベースとされた。追い込みながら、詰めのボールが甘いのである。続く打席では初球に、ど真ん中をホームラン。まったく意図の見えない初球で、しかも、失投。コントロールの自信とウイニングショットを持つことのできない投手が陥る、典型的な勝てない傾向の投手。巨人の宮國や、ソフトバンクの武田翔らとの違いは、その部分なのだ。俊足の走者が出ると、モーションが大きいという欠陥が気になるのか、極端に外角中心の配球に変わってしまう。

コントロールを気にしすぎて、ルーキーイヤーのいい意味での荒々しさが消えてしまったのかもしれない。スピードも物足りないし、どの球種の精度もレベルアップしていかねば、ローテーション投手としての地位は確立できないだろう。

2011年のドラフト2位のルーキー歳内宏明は、昨年9月2日の広島戦でプロ入り初の先発抜擢を受けた。首脳陣の期待の現れだろう。5回を投げ1失点に抑える好投を見せたが、緊張からかストレートのMAXは141キロ。聖光学院高校時代は145キロは出ていたらしいが、逆球と真ん中に寄る不用意なボールが多かった。まだまだ1軍のレベルにはない。ピンチになれば、どうしてもストレート中心の組み立てとなり変化球を投げる余裕がない。特に課題は、空振りを取ることのできるフォークボールの精度。プロの1軍ではストレートと変わらぬように腕をしっかりと振って、しかもコントロールが要求される。

しかし、彼らには潜在能力はある。「若手にチャンスを与えたい」という中西投手コーチの考えには大賛成で使うならば徹底してチャンスを渡せばいい。そういう意味でダントツのポテンシャルを持っているのは、スーパールーキーの藤浪である。

秋山vs阿部の２打席（2012年９月16日、巨人対阪神）

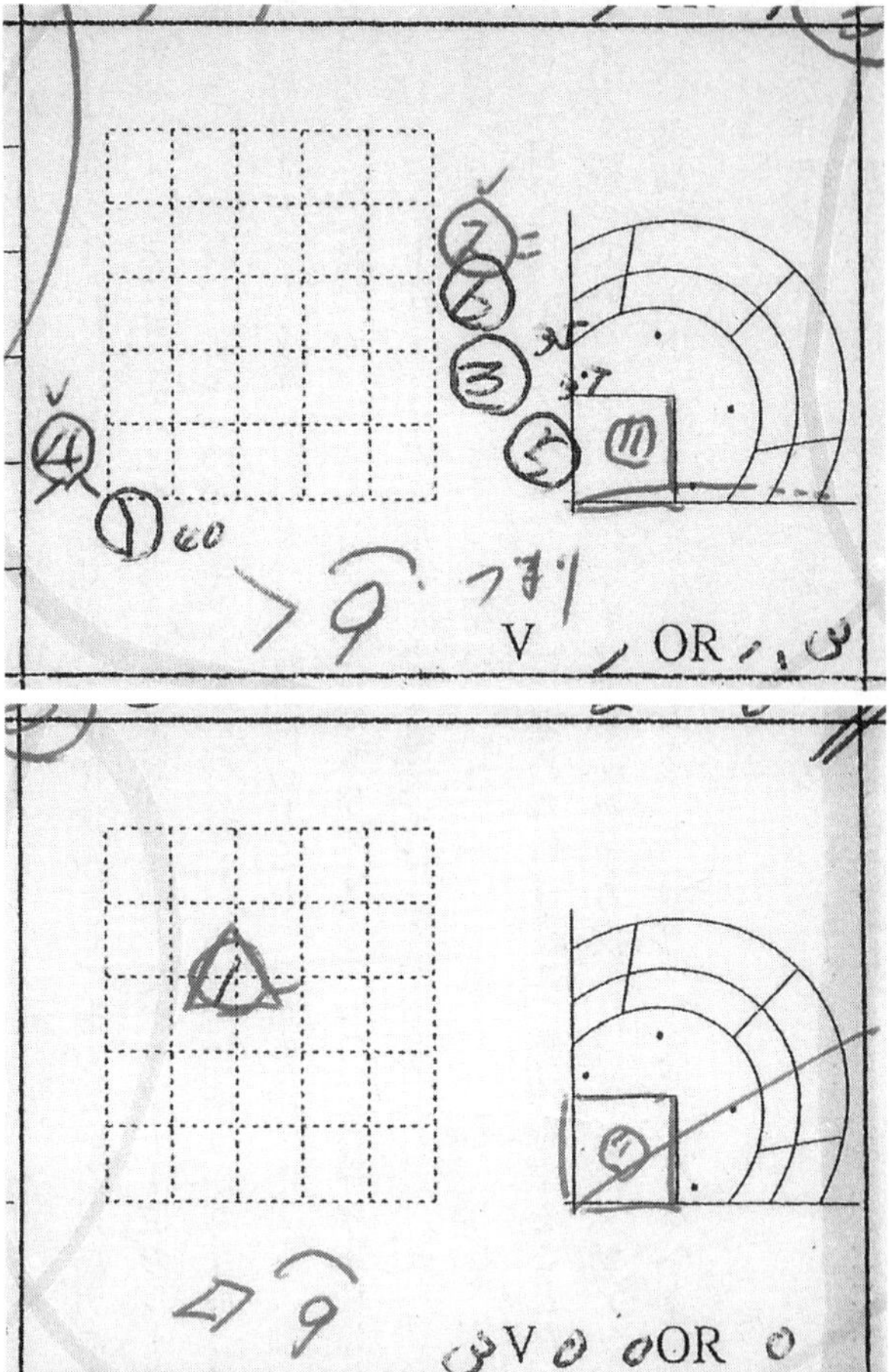

第１打席には内角を徹底して攻めたが、詰まらせながらも右前安打を許して次の打席ではど真ん中に失投

スーパールーキー藤浪晋太郎への期待

2013年の1月に、私は、野球界への応援企画として進めている児島デニムを使った特製ジーンズにサインをもらおうと、虎風荘を訪ねてドラフト1位のルーキー、藤浪と会った。長い手足にハキハキとした受け答え。高校生にありがちな危うさを持たない好青年だった。私は、ひとつだけ球団OBとして言葉を贈った。

「自分をいかに持つか。プロでは、そこが大事です。そして、武器を大切にしなさい。やはりストレート。それを磨くことを考えてはどうですか」

藤浪は、静かに「ハイ」と言って聞いていた。

彼は、「自分にはセンスがない。そこを埋めるには考えて野球をやることだ」という考え方を持っている。考えるピッチングを標榜する投手は、まさにスコアラーにとっては、最高のパートナーとなる人材である。これも彼が大器となるべき素質だろう。

藤浪のポテンシャルの高さについて異論はない。

高いレベルで見れば、高校生にボールを簡単にバットに当てられていたのが気にはなるが、まとまっている。150キロを超えるストレートに加えて、スライダーと落差のコントロールできるフォークも持っている。高校時代には、ほとんどの打者が、これで料理されていた。彼の勝負球だろう。これだけ球種が揃っていればプロでも十分通用する。体が大きなわりに機敏に守備もできるし牽制も下手ではない。クイックが少しぎこちないらしいが、夏の甲子園のマウンドで見せた投球内容を、そのままプロで見せることができれば間違いなく結果を残すはずだ。

阪神、オリックス、ヤクルト、ロッテの4球団が1位入札したスーパールーキーといえども、いくつかのプロの洗礼は越えなければならないだろう。スコアラーの見地から見ると、歴代の高校卒のドラフトルーキーが、まず最初にぶつかる壁がストライクゾーンの問題だ。プロでは高校野球に比べてストライクゾーンがかなり狭くなる。大雑把に言うと、ひと回り狭くなると考えていた方がいい。高校野球では時間短縮が審判の頭の中にあるのか、極端に言えばプロのストライクゾーンからボール一個半くらい外れている球をストライクに取っていることもある。

審判やキャッチャーとコミュニケーションを密にしながら修正して欲しいのだが、

適応は容易ではない。私の記憶では、1981年のドラフト1位、源五郎丸洋《げんごろうまるひろし》（日田林工業）や、仲田幸司らは、新人時代には、まったく適応、修正ができなかった。1年目からストライクゾーンの変化を苦にしなかったのは、遠山昭次《とおやましょうじ》くらいではないだろうか。しかも、大型投手はダルビッシュ有以外に大成した例が少ない。腕が長いのは、球持ちが良くなるのが長所だが、細かいコントロールはつけにくい。その意味で、ダルビッシュは規格外。藤浪は、常識破りの二人目となれるかどうか。

高校時代は、外のストレートと外のスライダーという外勝負で大丈夫だったのだろうが、プロでは必ず内角球を使わなければならない。度胸も試される。ソフトバンクの武田翔太と、楽天の釜田の成功は、その内角球を使える度胸があったからこそだ。その先人の教えを藤浪が参考にできるかどうかも成否のカギを握っている。

この辺りのプロ論を教えてあげる阪神の指導者の力量も試されるし、キャッチャーのリードも大きな影響を与えるだろう。

実戦が始まると、きっといろいろと欠陥も露出してくる。モーションのクセ、牽制のスキをつくバントや機動力での揺さぶり……相手チームは、新人は早いうちに潰しておこうと考え、ひとつ穴を見つけると、さらに、その穴を大きくしてやろうとお構いなしに攻めてくる。それがプロの洗礼だ。結果が出なければ、特に阪神の場合はメディアに叩かれ、ネガティブなコメントが味方の側から出たりもする。すると希望に満ち溢れていた若い選手は大きなショックを受ける。そういう心理的な動揺を与えないようにチームとして藤浪を守ってやらねばならない。

監督やコーチが「やられてもかまへんから、思い切って腕を振っていけ！　おまえには力がある！」と常に自信を植え付けてやりながらサポートしてやれるかどうかも、彼が成功するか失敗するかのカギを握っているポイントだろう。

だから、私は、彼に会った時「自分を見失うな」とプロの心得を語ったのである。

阪神の過去のドラフト1位をたくさん見てきたが、キャンプで一目見て「これは凄い！　勝てる！」と思ったのは、中込伸《なかごみしん》と、井川慶くらいか。特に中込は、甲府工業高校を中退していたが、地元神戸の定時制に通わせるという裏技で１９８８年に単独一位指名した逸材で、「久々にいいのを取ったなあ」と驚いた。球速は１４４、１４

5キロほどだが、ゆったりしたフォームから低目にビュンと来る。球筋が違うのだ。江川卓の全盛期のような球筋だった。

しかも、ナチュラルにスライドする。メジャーで全盛のカット系のムービングファーストボールを15年も前に投げていたわけだが、当時の村山実監督が、「綺麗な回転のボールを投げろ！」とフォームを矯正させ、持ち味が消え、おまけにヒジまで痛めて表舞台に出るまで時間がかかった。

井川は、ルーキー当時は、いい時と悪い時の出来の上下が激しかったが、いい時のボールはモノが違った。ブルペンでのピッチング練習中に彼に「三宅さん！　打席に入ってください」と頼まれたが、恐怖感を感じるほどのボールが来ていた。当初は、ストレートと腕の振りがほぼ同じのチェンジアップを操るまでに至っていなかった。だが、左腕から、伸びのあるストレートを見せられただけで「こいつはとんでもない大物になる」という予感がした。

井川は、中込と違って自分というものをしっかりと持っていた。

言い方を変えれば変わっていたのだ。プロでは変人というのは褒め言葉で、中込も変人を貫き、首脳陣のアドバイスなど聞かぬ信念を持っていれば、もっと早く結果を出していただろう。首脳陣の教育方針が大きく影響を与えるが、プロで成功するには、そういう図太さも必要である。

2013年の1月に有馬温泉で行なわれた「天地会」という親睦会に参加させてもらった。1985年の優勝と、1987年の最下位という天と地を味わった当時のメンバーが、毎年オフに集まって親睦を深めようという会で、もう20年以上続いている。

当時の監督だった吉田義男さんが、いつも最初に挨拶《あいさつ》に立つが、「何がなんでも勝て！」と熱い檄《げき》を飛ばしていた。和田監督も天地会のメンバーで「今年は勝負の年だと思っています。なにがなんでもガムシャラに勝ちに行きます」と答えた。

真弓も、岡田も、次々と、ひと言ずつ話をしたが、みんな「勝ってくれ、勝って欲しい」という話でつながった。私はと言えば、こんな挨拶をした。

「先発投手が6回まで抑えれば60、70％勝てます。防御率を2点台に抑え、得点を3

点以上取れば、60、70%勝てます。相手の先を読みデータをうまく使えば、勝利の可能性がアップするでしょう。2013年の予想メンバーを見ると、生え抜き選手がほとんどいずにつぎはぎだらけに見えます。何がなんでもオールスターまでは5割をキープして優勝戦線にいてください。そうすると自然にチームに一体感が生まれるでしょう。まとまるとは勝つことなのです」

言いたいことはそういうことである。

今季結果が出なければ和田監督に3年目はないだろう。常に多くのファンに見守られている阪神では、結果が出なければ、「選手を育てた」などという悠長なものは評価してくれない。勝たなければ次がない。そのためにも、和田監督には、もう一度、データの大切さを見直してもらいたい。スコアラーが運んでくるデータこそが、二流軍団が一流軍団に変身するための水先案内人なのである。

阪神ファンの皆さんも、スコアラー式の観戦術で、阪神の戦いをチェックしていて欲しい。虎のスコアラーが教えるプロの観戦術の最終章は、阪神への辛口エールで終わってしまったが、実のところデータ、数字という無機質に思われる情報の山は、たくさんの野球愛に支えられて作り上げられたものである。ひょっとすると、阪神の野球を見守るための観戦術の極意は、スコアラー式ではなく寛容な愛に包まれた心の持ちようなのかもしれない。

あとがきに代えて

スポーツタイムズ通信社（論スポ編集長）本郷陽一《ほんごうよういち》

三宅博さんと知り合ったのは、僕がサンケイスポーツの阪神担当記者として這《は》いずり回っている頃だから、もうかれこれ20年以上も前の話になる。当時、阪神は、東京遠征する際に東京ドームの裏手の小石川にある小さなビジネスホテル「サテライトホテル後楽園」に宿泊していた。今は、そのホテルは跡形もなくなって同じ敷地に大きなマンションが建っている。僕らは、ナイター終了後に原稿を書き終えると、夜な夜な、壁が薄く隣の電話の声が聞こえるような、そのホテルに足を運んだ。

玄関を入って、すぐ右手にカウンターとボックス席がふたつほどの小さな薄暗いラウンジがあった。いつもタバコの紫の煙がゆらゆらと燻っていた。

卵形のカウンター椅子。どこか昭和な場所だった。

僕ら各社のトラ番記者は、そこに屯《たむろ》って選手や球団関係者が降りてくるのを口を開けて待っていた。そこには、年に何回か真弓明信さんが降りてくるぐらいで、ほとんどの選手はタクシーを呼んで銀座や六本木やと〝夜のクラブ活動〟に勤《いそ》しもうと飛び出していく。その昭和なラウンジで僕らは、毎晩のように球団のフロントの方々と、ああでもない、こうでもないと、クダを巻いた。そこで、時々、アホな話をしながらビールを飲んだのが、チーフスコアラーとしてチームに四六時中、帯同していた三宅さんだった。

三宅さんは、時々、ネタをくれた。大石清投手コーチが、マイクこと、仲田幸司を毎朝、散歩に連れていってホテルの一室に用意してあるネットに向かって、至近距離からシャドー代わりのネットピッチングをさせているなどの、内側にいなければわからない〝ちょっといい話〟である。しかし、三宅さんの仕事の話、つまりスコアラー業についての突っ込んだ話は、ほとんどと言っていいほどしたことがなかった。いや、してくれなかった。落合博満・前中日監督の優れたマネジメント力のひとつに徹底した機密保持があることを三宅さんは、本書でも強調しているが、チームのすべてのデータ、つまり最高機密を知っている人だから、いくら酔っても口は固かった。

コンピューターシステムが、確立するまでは、ほとんどが手書きの集計作業で東京遠征中も、この小さなホテルの一室で朝方までかかって仕事をしていたという。選手に配るミーティング用の資料のプリントアウトもホテルの一室でやっていて昔のプリンターは、カタカタ、ギーと音がうるさく、近くの部屋の選手から苦情が出た。何年かして高性能の高速レーザープリンターが登場してから、その苦情は収まったらしいが、そんな苦労話も、20年もたって、ようやくしてくれたのである。

スコアラーシートに逆球のGマークや、首振りのKマークがあり、牽制後の球種のチェックや、ファウルの強弱のマークのことや、昔の選手のクセの話などを具体的に聞かせてもらったのも、今回の本作りを手伝って初めてである。スコアラーが、どこをどういう視点で見ているかは、チームの野球観にかかわる重大な事項であることはよくわかる。それらを25年間も、口を割らないまま、秘密にしていた三宅さんにすれば、それはそれで辛かったのだろう。

「徹夜してでな。背伸びをして窓から玄関を見ると飲んできた選手が朝帰りや。『なんでこんな選手のためにワシらが徹夜で頑張らなあかんねん』と腹も立ったなあ」

エンドレスに続くようなデータ集計作業の合間の息抜きに、あのラウンジで三宅さんはビールで喉を洗っていたのだ。

三宅さんとの共同作業となった、この本の編集は、トラ番記者時代に抱いていた多くの謎を解いていく作業でもあった。だが、どうしても教えてくれない〝永遠の秘密〟もあった。それは、また何かの機会に取材することにしたいが、三宅さんは、2012年のプロ野球のわからなかった謎にも明快な答えをスコアラー視点で指し示してくれた。

現在、朝日や毎日新聞などの一部メディアは、当局の発表に頼らない調査報道という形に移行することを模索している。スポーツ新聞に、その方向性が見られないことは残念だが、今回の本で、三宅さんが案内してくれた観戦術は、スコアラー視点の一種の調査報道にも似た謎解きであると思った。知った顔の野球評論家の話を鵜呑《うの》みにせずとも、自分で野球の謎を解いていくという新しい野球観である。

ＩＤ野球を標榜した野村克也さんは、よくミーティングで「無形の力を身に付けよ」という表現をしていたそうである。野村さんが選手に配った教則本「ノムラの考え」には、データを使った彼の野球理念の原則が、こう書かれてあった。

「理を持って野球をせよ」

「情報を最大限に生かせ」

「問題意識を持ってプレーせよ」

「勝負の結果よりも戦いの過程（プロセス）を大事にせよ」

データを収集して分析し、それを元に根拠を持った戦術、戦略を立てる。

「データの利用」とは、暗闇のトンネルの中を歩く作業と似ている。何も見えない手探り状態の道を歩く人に懐中電灯を持たせてあげる、もしくは、安心して歩けるように電灯をつけてあげる。そういう行為に成功すれば自信という「無形の力」が身に付く。これは野村克也さんが、選手に訴えてきたものであるが、データを元に謎を解いていく視点は野球ファンの方も持つことができる。そんな見方をする野球ファンの方が増えてくれれば、ただでさえレベルの高い日本の野球ファンの見識や野球の見方は、もっと高貴で大人のアカデミックなものになるのではないだろうか。

三宅さんの野球人生は言葉で言い尽くせぬほど数奇なものである。倉敷工業高校時代に俊足・巧打のショートとして3度甲子園に出場。地元の社会人チームに進むつもりだったが、阪神の名スカウト、故・河西俊雄《かわにしとしお》さんにうまく口説かれ、契約金300万円で阪神タイガースに入団した。二軍で盗塁王を取って一軍でもスタメンに抜擢されたが、スライディングのミスで右膝の靭帯を断裂して、わずか6年で阪神のユニホームを脱いだ。

引退後、妻の父親が経営していた鉄鋼商社で満員電車に揺られるサラリーマン生活を始めた。15年が過ぎ、人に頭を下げることが、なんともなくなった頃、また人生の転機が訪れる。たまたま通っていた歯医者に、江川卓—小林繁《こばやししげる》の電撃トレードを仕掛けるなど〝ブルドーザー〟と異名を誇った阪神の故・小津正次郎《おづしょうじろう》球団社長も通っていたという縁が手伝って、二軍の内野守備コーチとしての阪神復帰を打診されたのである。

長く三宅さんの心に留め置かれていた野球への情念が騒いだ。三宅さんは、15年ぶりに指導者として現場復帰したが、2年後に、今度は、42歳で監督となった安藤統男《あんどうもとお》氏から「データがこれからの野球を支えていく。力になってくれへんか」と、チーフスコアラー転身を依頼されたのである。エモやんこと、江本孟紀《えもとたけのり》が、「ベンチがアホやから野球がでけへん」と首脳陣批判をして阪神を去ったオフのことであった。そこからデータとともに歩む25年間が始まるわけである。

三宅さんは、阪神を定年退職した後、故郷に帰った。生まれは漁師町である岡山倉敷の玉島。三宅さんが暮らす倉敷は、歴史を感じさせる風光明媚な静かな町だったが、近年「チボリ公園」の跡地に三井アウトレットパークができるなど大きく様変わりしている。それでも美観地区と呼ばれる重要文化財や有形文化財、美術館などが並ぶ場所には、心が洗われるような落ち着きの時間が流れる。

三宅さんが、この街に戻った理由のひとつは、北京五輪の代表チームの名簿を見た時に、一人も、そこに岡山出身の選手がいなかったことだそうだ。その時、「将来、岡山から日本代表に入るような選手を育てたい」と、第3の人生の夢を描いた。

現在は、岡山商科大の野球部を特別コーチとして指導している（大学では元プロも申請を行ない許可が下りれば指導可能）。三宅さんが、そこで教えていることはスコアラー時代に得たデータや心理を利用して頭を使う〈準備する野球〉である。昨年は、三宅さんの指導が功を奏して、中国6大学リーグで優勝を果たし全日本大学選手権に出場した。不思議なもので強くなると野球の強豪高校からも選手が集まるようになってきた。中には、ドラフト候補として注目されている内野手もいるそうだが、一流の野球を長年見てきた三宅さんからすれば、歯がゆい毎日が続いている。

「今日聞いたことを明日忘れるといった具合で、なかなか意志が伝わらないんや。考えて野球をすれば、もっと能力を伸ばすことができるのにもったいないんよ」

そういう愚痴がなんとも楽しそうなのである。

メガネを少し下げて「70歳から野球を勉強させてもらってますわ」と笑う。

三宅さんは、古希を迎えて野球界への恩返しに、もうひとつ新しい試みを始めた。アマチュア指導者への還元を目的とした倉敷伝統の児島デニムを使った阪神タイガース特製ジーンズの販売である。三宅さんが倉敷に帰って、子どもたちに野球を教えながら強く感じたことに、アマチュア指導者の人々の置かれた環境の厳しさがある。子どもたちを指導する監督やコーチの多くが手弁当で頑張っている。グランド使用料や野球道具を揃える費用も馬鹿にならない。

三宅さんが、「何か、手助けになるようなことができないものか」と、頭をひねっていた時に、倉敷工業時代の野球部の同窓生で、現在、豊和株式会社の社長として児島ジーンズを作っている田代豊雄《たしろとよお》さんからアイデアをもらった。地元児島の名産デニムを使い、愛する阪神タイガースの選手のサインの入った特製ジーンズを縫製、販売して、草の根の野球の発展活動に携わっている方々に売ってもらい、もしくは買ってもらい、制作経費を差し引いた金額を還元、それを少しでも活動資金の足しにしてもらえればという企画だ。

そういうコンセプトゆえに阪神タイガース及び阪神タイガースの選手会も快く協力を了承してくれたという。阪神の選手のサインをジーンズの好きな場所にカスタマイズにレーザープリントできる阪神タイガースデニムが、三宅さんの未来を担う子どもたちへの思いをカタチにしたものである。（ジーンズ希望の方の問い合わせ先　岡山県倉敷市児島田の口4―4―18　豊和株式会社　代表電話086―477―6060　メー

ル　tigersjeans@howa-net.co.jp）

本書は三宅さんが書かれた原稿に僕が編集という形で手を入れさせてもらったものだ。三宅さんは、その深い見識の中から多くの名言を引用されていた。その中に三宅さんの生き様を象徴するような言葉があったので最後に記しておきたい。

【不可能の反対語は可能ではない。挑戦だ！】

黒人初のメジャーリーガー、ジャッキー・ロビンソン

一〇〇字書評

切り取り線

購買動機（新聞、雑誌名を記入するか、あるいは○をつけてください）	
□（　　　　　　　　　　　　　）の広告を見て	
□（　　　　　　　　　　　　　）の書評を見て	
□ 知人のすすめで	□ タイトルに惹かれて
□ カバーがよかったから	□ 内容が面白そうだから
□ 好きな作家だから	□ 好きな分野の本だから

●最近、最も感銘を受けた作品名をお書きください

●あなたのお好きな作家名をお書きください

●その他、ご要望がありましたらお書きください

住所	〒				
氏名		職業		年齢	
新刊情報等のパソコンメール配信を 希望する・しない	Eメール	※携帯には配信できません			

あなたにお願い

この本の感想を、編集部までお寄せいただけたらありがたく存じます。今後の企画の参考にさせていただきます。Eメールでも結構です。

いただいた「一〇〇字書評」は、新聞・雑誌等に紹介させていただくことがあります。その場合はお礼として特製図書カードを差し上げます。

前ページの原稿用紙に書評をお書きの上、切り取り、左記までお送り下さい。宛先の住所は不要です。

なお、ご記入いただいたお名前、ご住所等は、書評紹介の事前了解、謝礼のお届けのためだけに利用し、そのほかの目的のために利用することはありません。

〒一〇一-八七〇一
祥伝社黄金文庫編集長　吉田浩行
☎〇三（三二六五）二〇八四
ohgon@shodensha.co.jp

祥伝社ホームページの「ブックレビュー」からも、書けるようになりました。
http://www.shodensha.co.jp/bookreview/

祥伝社黄金文庫

虎《とら》のスコアラーが教《おし》える「プロ」の野《や》球《きゅう》観《かん》戦《せん》術《じゅつ》

平成25年4月20日　初版第1刷発行
平成25年5月18日　　　第2刷発行

著　者　三《み》宅《やけ》博《ひろし》

発行者　竹内和芳

発行所　祥《しょう》伝《でん》社《しゃ》

〒101－8701
東京都千代田区神田神保町3－3
電話　03（3265）2084（編集部）
電話　03（3265）2081（販売部）
電話　03（3265）3622（業務部）
http://www.shodensha.co.jp/

印刷所　堀内印刷

製本所　ナショナル製本

Printed in Japan　©2013, Hiroshi Miyake　ISBN978-4-396-31608-2 C0195

祥伝社黄金文庫

上田武司
プロ野球スカウトが教える一流になる選手 消える選手
一流の素質を持って入団しても、明暗が分かれるのはなぜか? 伝説のスカウトが熱き想いと経験を語った。

上田武司
プロ野球スカウトが教えるここ一番に強い選手ビビる選手
チャンスに強く、ピンチに動じない勝負強い選手の共通点とは? 巨人一筋44年の著者が名選手の素顔を!

児玉光雄
イチローの逆境力
イチローほど逆境を味方につけて飛躍を遂げたアスリートはいない。そんな彼の思考・行動パターンに学ぶ!

谷川彰英
大阪「駅名」の謎
柴島、放出、牧岡など、難読駅名には、日本史の秘密が詰まっている。塩川正十郎氏、推薦!

山平重樹
ヤクザに学ぶできる男の条件
彼らが認める「できる男」の共通点を解き明かす。ビジネスマンにも使えるノウハウとヒント満載!

米長邦雄
人間における勝負の研究
将棋界きっての才人である著者が、勝負に不可欠の心得――「雑の精神」「省の精神」について説く。